DAS WHITE EAGLE-MEDIZINRAD

DAS WHITE EAGLE-MEDIZINRAD

Indianische Weisheit als Lebensweg

Wa-Na-Nee-Che
mit Eliana Harvey

Mit Karten von Stephen Marwood

Verlag Hermann Bauer
Freiburg im Breisgau

Die Deutsche Bibliothek – CIP-Einheitsaufnahme

Wa-Na-Nee-Che:
Das White-Eagle-Medizinrad : indianische
Weisheit als Lebensweg / Wa-Na-Nee-Che.
Mit Eliana Harvey. [Dt. von Jutta Klingbeil]. –
2. Aufl. – Freiburg im Breisgau : Bauer, 1998
    Einheitssacht.: White Eagle medicine wheel ⟨dt.⟩
    ISBN 3-7626-0556-4

Die englische Originalausgabe erscheint 1997 by
Connections Book Publishing, London,
unter dem Titel
White Eagle Medicine Wheel.
Native American wisdom as a way of life
© Text Wa-Na-Nee-Che und Eliana Harvey 1997
© Abbildungen Stephen Marwood 1997
© dieser Ausgabe Eddison Sadd Editions 1997

Mit 100 Schwarzweiß-Abbildungen

Deutsch von Jutta Klingbeil
Lektorat von Ilona Daiker

2. Auflage 1998
ISBN 3-7626-0556-4
© für die deutsche Ausgabe 1997 by Verlag Hermann Bauer KG,
Freiburg im Breisgau
Das gesamte Werk ist im Rahmen des Urheberrechtsgesetzes
geschützt. Jegliche vom Verlag nicht genehmigte Verwertung
ist unzulässig. Dies gilt auch für die Verbreitung durch Film,
Funk, Fernsehen, photomechanische Wiedergabe, Tonträger
jeder Art, elektronische Medien sowie für auszugsweisen
Nachdruck.
Satz: CSF · ComputerSatz GmbH, Freiburg im Breisgau

INHALT

WIE ALLES ANFING 6   VORWORT 7   EINLEITUNG 8

1
WHITE EAGLE-MEDIZIN:
STUFE DES LEHRLINGS 11

TIERKARTEN 12 – 67

ADLER	12	LIBELLE	40
BÄR	14	HUND	42
DACHS	16	DELPHIN	44
BIBER	18	SCHILDKRÖTE	46
SPINNE	20	WAPITI	48
SCHMETTERLING	22	WAL	50
PFERD	24	ELCH	52
BÜFFEL	26	FUCHS	54
AMEISE	28	KOJOTE	56
OTTER	30	LUCHS	58
KANINCHEN	32	RABE	60
SCHLANGE	34	KOLIBRI	62
STACHELSCHWEIN	36	EULE	64
KUGUAR (PUMA)	38	BUSSARD	66

WIE MAN DIE TIERKARTEN BENUTZT 68

Medizinrad der Vier Richtungen 69
Umfassenderes Medizinrad der Vier Richtungen . . 70
Schwitzhütte 71
Tabakzeremonie 72
Bärenhöhlen-Heilung 73
Vollständiges Medizinrad 74
Wie du dein Krafttier findest 75

2
WHITE EAGLE-MEDIZIN: STUFE DES SCHÜLERS 77

GROSSVATER- UND GROSSMUTTERKARTEN 78–105

Großvater Pfeifenträger 78
Großvater Traumweber 80
Großvater Sonnentänzer 82
Großvater Medizinmann 84
Großvater Krieger des Geistes 86
Großvater Versorger 88
Großvater Hüter der Geschichte 90
Großmutter Weberin 92
Großmutter Geburtshelferin 94
Großmutter Medizinfrau 96
Großmutter Sternguckerin 98
Großmutter Hüterin der Weisheit 100
Großmutter Regenbogentänzerin 102
Großmutter Geschichtenerzählerin 104

WIE MAN DIE GROSSMUTTER- UND GROSSVATERKARTEN BENUTZT 106

Rat von Großmutter und Großvater mit zwei Karten 106
Rat der Weisen 107
Heiliger Pfad 109
Pforte 109
Visionssuche 110

3
WHITE EAGLE-MEDIZIN: STUFE DES ÄLTESTEN 111

TOTEMKARTEN 112–119

Schwitzhütte 112
Trommel 114
Medizinrad 116
Totempfahl 118

WIE MAN DIE TOTEMKARTEN BENUTZT 120

Medizinrad 120
Heilige Pfeife 122
Zeremonie der Einweihung 123
Zeremonie des gesamten Spektrums 124

ZEREMONIEN UND RITUALE 126

Gestaltung eines Altars 126
Zeremonie der Entscheidung 126
Zeremonie der Visionssuche 127

ABSCHLUSSZEREMONIE 128

NACHWORT 129

GLOSSAR 130
INDIANERSTÄMME 130
ANHANG 131
WEITERFÜHRENDE LITERATUR 131
DANKSAGUNG 132

WIE ALLES ANFING

Mein Name ist Frank Black Elk. Ich bin der Enkel des Heiligen Mannes und Sehers Black Elk vom Stamm der Oglala-Sioux. Ich war sehr erfreut, als mich mein guter Freund Wa-Na-Nee-Che fragte, ob ich nicht einige einleitende Worte zu diesem Buch schreiben wollte. Ich teile seine Vision, wußte aber zunächst nicht, wo ich anfangen sollte. Nachdem ich mir jedoch viele Gedanken über das Thema dieses Buches gemacht hatte, wußte ich schließlich, womit ich beginnen möchte.

Im *White Eagle-Medizinrad* und seinen aussagekräftigen Karten werden Tiere und die ehrwürdigen Ältesten, unsere Großmütter und Großväter, als Symbole verwendet. Das Verständnis um unsere spirituelle Verbindung mit diesen Wesen beginnt jedoch bei uns selbst.

Ich glaube, daß wir Menschen uns am Ende der Tierkette befinden und nicht am Anfang, wie man dies manche gelehrt hat. Schließlich sind wir erst lange nach allem anderen Leben entstanden. Und als wir da waren, mußten wir lernen zu überleben. Die Frage ist also, wie wir das gelernt haben und von wem? Es waren sicherlich nicht Menschen. Es müssen andere Lebensquellen gewesen sein.

Das Leben war perfekt, so, wie es war: Was sein sollte, war einfach. Am Anfang wußten die Tiere, was der Sinn des Daseins war, weil sie es lebten. Erst als wir Menschen geboren wurden, mußte alles erklärt werden. Ich sage dies, weil ich glaube, daß das Höchste Wesen eine ganz bestimmte Aufgabe für uns bereithält. Weil wir zuletzt entstanden sind, sind wir auch am schwächsten geworden. Als schwächste Wesen mußten wir alles von den Tieren lernen. Wir mußten lernen, wie man nach etwas Eßbarem sucht, was wir essen durften und was nicht. Wir mußten Familienstrukturen entwickeln, und das wichtigste Element war die Verständigung. Sie wurde eines unserer Qualitäten und unsere größte Gabe.

Mit Hilfe dieser Verständigung lernten wir die heilige Sprache, die zu uns kam. Durch unsere eigene Auslegung lernten wir, mit dieser geheimen und heiligen Sprache umzugehen, und entwickelten Zeremonien und Rituale.

In den Zeremonien lernten wir, uns mit den Tieren zu verständigen. Wir suchten Führung und Schutz und sprachen Dank aus. Wir wurden gelehrt, daß jedes Tier von einem geistigen Wesen geleitet wird und Kraft besitzt. Jedes dieser geistigen Wesen hat seine Aufgabe und kann bestimmten Individuen Kraft verleihen, damit diese wiederum anderen helfen können.

Mit Hilfe der geistigen Tierwesen und der Kraft, die uns damit gegeben wurde, konnten wir ein Gleichgewicht zwischen unserem Selbst und unserer geistigen Führung herstellen. Dieses, zusammen mit den Zeremonien, ist nie in Vergessenheit geraten. Was sich jedoch sehr verringert hat, ist die Anzahl derer aus unserem Volk, die diese Kraft besitzen.

Im heutigen Zeitalter hingegen steigt ihre Anzahl wieder aufgrund der Notwendigkeit zu überleben. Wir nähern uns immer mehr der Zeit, in der es entscheidend ist, daß wir nicht nur uns selbst helfen, sondern unser Wissen auch für das Überleben anderer einsetzen.

Ich bete für alle, daß wir uns die Kraft der geistigen Tierwesen aneignen, die Kraft der Natur und die Kraft von Mutter Erde. Zusammen können wir damit eine Zukunft sowohl für die kommenden Generationen als auch für die jetzt Lebenden schaffen.

Frank Black Elk

Frank Black Elk
Denver, Colorado, 1996

VORWORT

Wa-Na-Nee-Che ruft dich! Er ist dein Lehrer. Ich schreibe für ihn und werde dich durch diese Reise führen. Mein Name ist Eliana »Großmutter Bär Ruft Sie«, ein Medizinname, der mir von meiner spirituellen Lehrerin, Brooke Medicine Eagle, einem Halbblut aus Montana in den Vereinigten Staaten, gegeben wurde. Mein Krafttier ist der Bär. Ich bin keltischer Abstammung; vieles ist von diesem Ursprung schon verlorengegangen, aber es gibt eine Menge Gemeinsamkeiten mit der indianischen Tradition.

Ich bin den Indianern von Nordamerika sehr zu Dank verpflichtet. Sie können uns viel beibringen, da sie die Verbindung zu Mutter Erde mit all ihren Lebewesen und zum Schöpfer, dem Großen Geist, beibehalten haben. Wenn dieser Planet, unser Zuhause, überleben soll, dann müssen wir auf ihre Botschaft hören: Alles Leben ist heilig.

Wa-Na-Nee-Che, was in der Sprache der Lakota »Den Die Menschen Brauchen« bedeutet, bringt uns diese Botschaft in einer einfachen Art, die wir alle verstehen und die wir in unser Leben einbringen können. Du hast vielleicht schon Geschichten gelesen, in denen Menschen ungewöhnlichen »Medizinlehrern« begegnet sind. Meistens sind diese Geschichten sinnbildlich zu verstehen, und die Lehrer sind lediglich Archetypen: Sie leben nicht wirklich, sondern es gibt sie nur im Buch.

Aber in diesem Fall ist es ganz anders: Wa-Na-Nee-Che lebt sehr wohl! Als Sohn einer Ojibwa-Mutter und eines Lakota-Sioux-Vaters mit keltischem Einschlag stammt er aus einer langen Linie von Medizinmännern und Schamanen und ist einer von nur 39 indianischen Lehrern, die über das ursprüngliche Wissen verfügen. Er stellt sich gerne denjenigen, die mit ihm lernen wollen, zur Verfügung, entweder in seiner Heimat oder in England.

Wa-Na-Nee-Che lehrt eine Lebensweise. Er vermittelt, wie man am besten im Einklang mit sich selbst und den anderen, mit allen Kindern von Mutter Erde – Bäume, Tiere, Steine, Wolken und weiteren Elementen der Schöpfung – lebt.

Für all diejenigen, die nicht zu ihm kommen können, hat Wa-Na-Nee-Che das *White Eagle-Medizinrad* mit den Karten entworfen, um den Menschen seine Lehre auf einzigartige Weise näherzubringen. Indem er dich Schritt für Schritt durch das Buch führt, trittst du eine Reise der Bewußtwerdung auf allen Ebenen an. Es gibt viele praktische Übungen, so daß du auch eine tatsächliche Veränderung in deinem Leben spüren kannst.

Betrachte es als ein Geschenk für dich. Es enthält seine Energie, sein Wissen und die Weisheit aus den ursprünglichen Lehren, die über die Stammestraditionen hinausgehen. Folge mir, ich werde dich jetzt führen.

Komm nach Turtle Island – dies ist der indianische Name für den Kontinent Nord- und Südamerika – in das Land eines Volkes aus alter Zeit, das einst millionenfach über seine geliebte Mutter Erde wanderte. Wa-Na-Nee-Che trägt das alte Erbe seines Volkes. Er bittet dich, neben ihm Platz zu nehmen.

Für einige Augenblicke herrscht Schweigen. Aber du spürst, daß er alles von dir aufnimmt. Du nimmst seine Wärme und seine Anerkennung wahr und setzt dich zu ihm.

Jetzt verlasse ich dich und weiß dich in den guten Händen deines Lehrers.

Eliana Harvey
Großmutter Bär Ruft Sie
Sherborne, Dorset, 1996

EINLEITUNG

Wa-Na-Nee-Che sitzt friedlich an einem kleinen Lagerfeuer, in dessen Licht man seine feinen Gesichtszüge und liebevollen Augen wahrnehmen kann. Er trägt eine Zeremonienjacke aus weichem Hirschleder, mit Fransen und wunderschönen Mustern, die im Licht des Feuers zu leuchten und zu tanzen scheinen. Während das Tageslicht langsam schwindet, färben sich die umliegenden Berge tief violett, und der zunehmende Mond geht allmählich am dunklen Himmel auf. Es herrscht diese besondere Art von Stille, bevor die Nacht endgültig hereinbricht und die Tiere anfangen, ihr Lied zu singen. Ein warmer Nachtwind läßt dich den durchdringenden Duft von Salbei und Kiefer riechen.

Wa-Na-Nee-Che wendet sich dir zu und schaut dir tief in die Augen.

»Ah ho! Sei gegrüßt, mein Freund! Es ist kein Zufall, daß du hier bist. In alten Zeiten hättest du einen Medizinmann aufgesucht, oder er hätte dich vielleicht gefunden. Und du hättest ihn gebeten, dein Lehrer zu werden.

Wenn er dich dann als seinen Schüler anerkannt hatte, würdest du ihm einige Geschenke machen, wie z. B. Arznei, Tabak oder eine schöne Decke. Du würdest mit diesem Lehrer viele Jahre verbringen und dabei lernen, aufzunehmen, zu beobachten, deine Wahrnehmung zu schärfen, zu heilen, Zeremonien zu begleiten und viele andere rituelle Dinge. Du würdest dich selbst besser kennenlernen und wissen, wie du deine Stärken entwickeln und deine Schwächen überwinden kannst. Du würdest lernen, daß Angst dazu da ist, um dich herauszufordern, und daß Liebe, Mitgefühl und ein offenes Herz die Gaben spiritueller Reife sind.

Du würdest auch lernen, mit deinen Fehlern umzugehen, indem du über dich selbst lachen kannst – tatsächlich ist der Humor eine der größten Gaben.

Vor allen Dingen würdest du erfahren, daß du ein Teil des gesamten Lebensgeflechtes bist und dadurch mit der gesamten Schöpfung verbunden. Jede deiner Taten hat eine Wirkung auf das Ganze. Du würdest wissen, daß du vom Leben unterstützt wirst und alle anderen Lebensformen, wie z. B. Pflanzen, Bäume, Tiere, Wind und Gewitter, um Hilfe rufen kannst. Dadurch wärest du dann im Gleichgewicht und in Harmonie mit dir selbst und allem Leben.«

WHITE EAGLE-MEDIZIN

»Leider ist es so, mein Freund, daß nur wenige Menschen von den verbleibenden Medizinlehrern ausgebildet werden, obwohl es das Schülersystem in meinem Land noch gibt. Wir leben aber in einer Zeit, in der die Medizinmänner aus meiner Heimat und Tradition sich entschlossen haben, das Wichtigste aus ihren heiligen Lehren und Zeremonien immer mehr Menschen mitzuteilen. Auf meine Art mache ich das gleiche, indem ich dieses einmalige Buch und die White Eagle-Medizinkarten veröffentliche.

Adler sind Boten für Gebete und Mitteilungen an den Großen Geist, die Quelle allen Daseins. Wir verehren Adlerfedern, da sie heilige Gegenstände der Kraft darstellen. Es gibt zwar Weißkopf-Seeadler und Steinadler, aber der White Eagle ist ein symbolischer Vogel, der für das höchste spirituelle Ziel steht.

Wir sprechen viel von ›Medizin‹: von Medizinmännern, Medizinrädern und der Großen Medizin. Medizin in diesem Sinne hat eine tiefere Bedeutung als etwas, das nur Heilung bringt. Sie bedeutet nämlich auch Schutz und spirituelles oder heiliges Potential. Du erhältst ›gute Medizin‹, während du mit den Karten arbeitest.«

DAS RAD

Wa-Na-Nee-Che beugt sich herunter und nimmt ganz vorsichtig acht kleine Steine aus der fruchtbaren roten Erde. Er legt sie in einen Kreis.

»Der Kreis steht für alles Leben, für Einheit, Energie und Bewegung. Es ist ein Symbol, das man überall auf der Erde findet. Für uns sind Kreise etwas verehrungswürdiges. Einige nennen sie Medizinräder. Indianer, Kelten und Chinesen benutzen alle Räder. In jeder Haupthimmelsrichtung des Rades, im Norden, Süden, Osten und Westen, und in den Räumen dazwischen sind bestimmte Kräfte, Qualitäten und Energien zu finden, und es kann wie eine Landkarte deines Bewußtsein benutzt werden. Du bist im Mittelpunkt deines Rades der Schöpfung und wirst dich auf natürliche Art und Weise zu bestimmten Plätzen auf dem Rad hingezogen fühlen.

Unsere eigenen Medizinräder oder Kreise lehren uns das Einssein mit allem Leben, mit der ganzen Schöpfung und unseren Platz im Kreistanz der Lebensenergien. Jede Energie dreht sich entweder im Kreis, in einer Spirale oder rotiert: von der Bewegung der Planeten, dem Wechsel der Jahreszeiten, dem Kreislauf unseres Blutes bis hin zur Energie, die in uns zirkuliert. Wir sind tatsächlich als ein Teil der Natur und nicht getrennt von ihr zu verstehen.

Unser Volk hat in kreisrunden Häusern oder Tipis gelebt. Wenn wir uns beraten, sitzen wir immer noch im Kreis; unsere Schwitzhütten sind rund; in unseren Zeremonien tanzen wir im Kreis.

In diesem Buch verwenden wir unterschiedliche Energiekreise beim Legen der Karten. Wenn du dich in das Rad der verschiedenen Legesysteme setzt, wirst du die Energie und das Wissen der Wesen, die du um Hilfe angerufen hast, spüren.«

WIE MAN DIE KARTEN BENUTZT

»Auf den Karten zu diesem Buch sind Tiere, Großmütter und Großväter – oder die Ältesten – und Totems dargestellt. Sie werden deine Lehrer sein und dir Gaben des Wissens und der Weisheit machen. Die Karten selbst tragen die geistige Energie ihrer Bilder. Während du sie anschaust oder sie in den Händen hältst, beobachte, wie sie ein tiefes Gefühl bei dir auslösen.

Um eine Aussage zu erhalten, mußt du die Karten auslegen – manchmal wird es ein rundes Legemuster sein, das wir Medizinrad nennen. Dieses hat die gleiche Macht und Bedeutung wie ein Rad, das du im tatsächlichen Leben erschaffen würdest. Laß dich bei der Deutung der Karten von deiner Intuition leiten. Ich werde dich Schritt für Schritt durch praktische Übungen und Deutungsbeispiele begleiten. Liegt eine Karte umgekehrt herum – d. h. auf dem Kopf –, hat sie eine gegenteilige Bedeutung. Du wirst dir dann diese Bedeutung als Antwort auf deine Frage anschauen müssen.

Alles zusammen – Räder, Tiere, Großmütter, Großväter und Totems – wirkt wie eine lebendige Zeremonie der Selbstentdeckung und der Visionen.

Ich habe gemäß unseren alten Traditionen auch drei aufeinander aufbauende Stufen des Lernens und der Kenntnis entwickelt: die Stufen des Lehrlings, des Schülers und des Ältesten. Sie werden in den folgenden Kapiteln eingehend behandelt.«

STUFE DES LEHRLINGS

»Bei der ersten Stufe, der Stufe des Lehrlings, sind die Tiere deine Lehrer. Es gibt 28 Tiere auf den Karten, und eins von ihnen kann dein besonderer Helfer werden: dieses nennen wir Krafttier.

Bei den meisten Fragen auf dieser Stufe geht es darum, herauszufinden, wie du dein Leben ins Gleichgewicht und in Harmonie bringen kannst. Die Tiere helfen dir bei den täglichen Herausforderungen des Lebens. Aber vergiß nicht, daß sie sich über deine Intuition und dein inneres Wissen mitteilen.

Irgendwann gelangst du an einen Punkt, an dem du merkst, daß du Fortschritte im Ordnen deines Lebens, so, wie du es dir vorstellst, gemacht hast. Dann bist du bereit für die Stufe des Schülers.«

STUFE DES SCHÜLERS

»Für diese Stufe habe ich die Ältesten, sieben Großmütter und sieben Großväter von verschiedenen Stämmen und Regionen von Turtle Island, als deine nächsten Lehrer ausgesucht. Sie können wegen ihrer Fähigkeiten und persönlichen Qualitäten angerufen werden, oder sie machen Geschenke aus authentischen, heiligen Zeremonialgegenständen, die Mutter Erde in einfacher Form hervorbringt.

Die Fragen dieser Stufe gehen einher mit der Vertiefung deines Verständnisses und spirituellen Wachstums.«

STUFE DES ÄLTESTEN

»Die dritte und letzte Stufe der Kenntnis ist die Stufe des Ältesten. Hier benutzen wir vier archetypische Symbole, die wir Totems nennen: die Trommel, die Schwitzhütte, das Medizinrad und den Totempfahl. Die Trommel ist universell und spricht zu uns über die ursprünglichen Rhythmen und Schwingungen, aus denen feste Materie besteht. Die Schwitzhütte erinnert uns daran, daß die Große Mutter, Mutter Erde, uns alle gebiert. Das Medizinrad stellt den Kreis der Schöpfung dar, das Einssein aller Lebewesen und die Entwicklung des Geistes. Der Totempfahl lehrt uns, aufrichtig in unserer Wahrheit zu sein, geerdet zu sein und all diejenigen zu ehren, die vor uns gegangen sind.

Die Fragen dieser Stufe konzentrieren sich mehr darauf, wie du zusätzlich zur vollen Verantwortung über dein eigenes Leben deinen Schwestern und Brüdern helfen und dich um Mutter Erde sorgen kannst. Dieses ermöglicht es einem Ältesten, klare Entscheidungen zu treffen, anstatt Opfer von Gegebenheiten oder Reaktionen anderer Menschen zu werden.«

EIN WEG DER HARMONIE

»Durch das ganze Buch hindurch werde ich so mit dir sprechen, als ob ich tatsächlich anwesend sei. Während du die drei Stufen der Kenntnis durchläufst, stelle dir intensiv vor, daß ich da bin und dich führe und daß deine Lehrer real sind. Du wirst dann merken, wie lebendig die Lehren für dich werden. Fange an, ein spirituelles Tagebuch zu führen, in welchem du deine Gefühle, Träume, Deutungen und deinen Fortschritt festhältst.

In unserer traditionellen Lebensweise würdest du praktische Dinge erledigen, wie Holzhacken, Wasser holen oder Essen vorbereiten. Du würdest lernen, wie eine Schwitzhütte für die Reinigungszeremonien gebaut wird oder wie du heilige Gegenstände für deinen eigenen Medizinbeutel sammelst. Du würdest dich auch auf deine Vier-Tage-Vier-Nächte-Visionssuche vorbereiten, was zur Stufe des Schülers gehört.

Entsprechend meiner Beobachtungen – wie schnell du lernst, wie groß deine Bereitschaft, dein Durchhaltevermögen und deine Begabungen sind – würde ich die Zeit festlegen, die du auf jeder Stufe verbringen sollst, bis du schließlich an das Ende deiner Reise gelangt bist und dein Geist mit dem Ganzen verbunden ist.

Morgen sprechen wir weiter. Komm bei Einbruch der Dunkelheit, und setze dich zu mir an mein heiliges Feuer.«

Du schaust noch einige Augenblicke lang in die Glut. Als du dich umdrehst, bemerkst du, daß Wa-Na-Nee-Che verschwunden ist. Aber seine Worte hallen noch klar in der milden Nachtluft nach.

»Wir gehen einen Weg der Harmonie. Aber denke daran, daß es nicht darum geht, was wir erreichen, sondern vielmehr, wie wir die täglichen Aufgaben erledigen. Daran werden wir sehen, ob wir uns auf dem richtigen Weg befinden.«

WHITE EAGLE-MEDIZIN:
STUFE DES LEHRLINGS

Wa-Na-Nee-Che legt noch mehr Holz aufs Feuer, und die Funken versprühen in die Dunkelheit der Nacht. Er lächelt beruhigend.

»Wir beginnen gemeinsam eine große Reise. Laß uns beim Anfang beginnen, bei den Kindern von Mutter Erde.

Ein Teil unserer Schöpfungsgeschichte erzählt, daß die Steine die ältesten Wesen auf unserem Planeten sind; deshalb nennen wir sie Großmutter und Großvater, insbesondere diejenigen Steine, die sich in der Schwitzhüttenzeremonie für unsere Heilung opfern. Es gibt Berggeister, die uralt und heilig sind: Die Berge, in denen sie leben, hat man deshalb über die Jahrhunderte für besondere Zeremonien und die Visionssuche benutzt.

Als nächstes kamen die Pflanzen. Wir unterscheiden folgende Familien: Pflanzen, die ernähren, Pflanzen, die heilen, und Pflanzen, die lehren. Mein spiritueller Bruder, Häuptling Medizin Bär, ein Pflanzenarzt, kann mit Pflanzen sprechen. Sie teilen ihm ihre Eigenschaften und Heilfähigkeiten mit.

Dann wurden die Tiere erschaffen. Sie wanderten auf der Erde umher, lange bevor wir Menschen in Erscheinung traten, und sie haben sich Wissen über Mutter Erde angeeignet, kennen die Pflanzen, die als Nahrung geeignet sind, und können überleben.

Für diejenigen unter euch, die als Lehrlinge zu mir gekommen sind, habe ich die Tiere als eure ersten Geschöpfe ausgewählt. Wenn ihr die Gelegenheit habt, sie in ihrer natürlichen Umgebung zu beobachten, dann tut dies sehr genau. Schaut euch an, wie sie sich bewegen und wie aufmerksam sie sind, wenn sie ruhen.

Begegnet auch euren eigenen Haustieren mit neuen Augen: Sogar diese können euch immer noch etwas beibringen. Jetzt begrüße ich euch zu den Tierkarten. Schaut sie euch in der gleichen Weise an. Mit ihnen könnt ihr euch euer eigenes Medizinrad entwerfen.

Es gibt 28 Tierkarten. Jedes Tier hat mir im geheimen mitgeteilt, welche Gaben und Lehren es mitbringt. Auf den folgenden Seiten wirst du nun alle kennenlernen.

In den aus Perlen gemachten Bildern ist der Geist jedes einzelnen Wesens lebendig. Das Aufziehen von Perlen ist eine Tätigkeit von höchstem Wert, die hauptsächlich von Frauen gemacht wird. Die Frau, die die Perlen aufzieht, ruft den Geist des Tieres an und wartet, bis sie ein klares Bild davon erhält, wie das Tier dargestellt werden möchte. Dabei wird sie fast selbst zu diesem Tier, bevor sie mit der Arbeit beginnt. Alles benötigte Material wird zu Anfang gesegnet.

Jedes dieser Perlen-Tiere benötigt für seine Vollendung zwei Tage mühsamer und liebevoller Arbeit. Die Bilder auf den Karten stellen gleichzeitig die Heimat des jeweiligen Tieres und das Element, in dem es sich am wohlsten fühlt, dar. Wenn du die Bilder in dich aufnimmst und die Deutungen dazu liest, wirst du vielleicht selbst spüren, wie es ist, ein Adler oder ein Bär zu sein.

Vergiß nicht, daß wir Teil der Erde sind, so wie die Tiere: Wir sind alle Teil voneinander.«

STUFE DES LEHRLINGS

ADLER

*Vision. Furchtlosigkeit.
Ausdehnung.*

*Die mit Perlen bestickte
Gürtelschnalle zeigt einen Adler, der
in ein für Zeremonien typisches
Muster eingenäht ist, das den
geheimnisvollen Geist aller
nachfolgenden Wesen symbolisiert.
Im Hintergrund sieht man, aus
welchem Material der Adler sein
Nest, meist auf einem hohen
Aussichtspunkt, gebaut hat. Der
Schnee glitzert im Sonnenlicht. Der
Adler hat eine seiner Armschwingen
verloren; die Handschwingen sehen
weißer aus, sind gesprenkelt und
haben dunkle Spitzen. Alle
Adlerfedern werden jedoch als etwas
Heiliges erachtet und in Zeremonien
als Federschmuck an Kopf oder
Körper getragen.*

*Fliege wie ein Adler, dich hoch in die Lüfte schwingend
Nimm unsere Gebete, wenn du davonfliegst
Kreische wie ein Adler, hoch in den Lüften
Erhebe unseren Geist auf Schwingen des Lichtes*

In der indianischen Tradition ist der Adler der heiligste aller Vögel: Er fliegt am höchsten, um Großvater Sonne und den Großen Geist zu erreichen. Adlerfedern bergen außerdem Kraft und werden zu Ehren einer mutigen Tat verliehen. Sie sind heilige Werkzeuge, die für Segnungen, Gebete und die Reinigung der Aura benutzt werden. Heutzutage gehören Adler zu einer aussterbenden Spezies und sind deshalb geschützt. Außer für einige Volksstämme ist es verboten, Adlerfedern zu besitzen.

Für die indianischen Völker haben die sie umgebenden Lebewesen schon immer wichtige Botschaften mitzuteilen gehabt. Medizinlehrer können mit dem Geist dieser Lebewesen Verbindung aufnehmen und darüber Hilfe erhalten. Aufgrund seiner Stärke, seiner Fähigkeit, sich hoch in die Lüfte zu schwingen, und seines scharfen Blickes wird der Adler in Verbindung mit dem Schöpfer, dem Großen Geist, gebracht. Die Adler-Medizin erhebt uns in den Bereich des Geistigen, bringt uns Erleuchtung, Einsicht und Klarheit für unser Leben und unseren weiteren Weg – von jenen Höhen aus sichtbar.

Die Adler-Vision erkennt die Wahrheit in unserem eigenen Herz und auch in den Herzen der anderen. Der Adler hilft uns, unsere Schatten deutlich zu sehen, vermittelt uns Einsicht und bewirkt Wandlung und Heilung.

Die Stärke und die Furchtlosigkeit des Adlers geben uns den Mut, die Herausforderungen des Lebens anzunehmen. Der Adler läßt sich vom Wind tragen und erinnert uns daran, daß auch wir unsere Flügel ausbreiten und frei sein können. Sobald wir den Mut aufbringen, unangenehmen und einschränkenden Umständen ins Auge zu sehen, können wir sie hinter uns lassen.

Der Adler befreit uns auch von einengenden Vorstellungen darüber, wer wir wirklich sind. Identifizieren wir uns lediglich mit unserem »kleineren Selbst«, sollten wir dieses mit Humor und Mitgefühl tun. Der Adler will uns aber daran erinnern, daß unser »größeres Selbst« ein Wesen ist, das mit dem Licht und allem anderen verbunden ist.

DIE BOTSCHAFT DES ADLERS

Der Adler teilt dir mit, daß du seinen Geist anrufen kannst, um dich auf hellere Ebenen zu heben und deine inneren und äußeren Visionen zu erwecken. Er bietet dir die Gabe des Mutes und der Freiheit an.

Jetzt ist der Zeitpunkt gekommen, davonzufliegen und die Gaben des Adlers umzusetzen. Er steht auch für männliche Aktivität: Du mußt jetzt handeln.

Erscheint die Karte des Adlers umgekehrt herum, bedeutet dies, daß du den materiellen Dingen zu sehr verhaftet bist und deine negativen Gedanken überwiegen. Es ist jetzt wichtig, wieder zu entspannen. Bringe den Mut auf und flieg los.

Blicke vom hochgelegenen Aussichtspunkt des Adlers auf dein Leben. Von dort oben aus kannst du sowohl die Fallen als auch die Gelegenheiten, die vor dir liegen, klarer sehen. Schaust du zurück in die Vergangenheit, kannst du deine Fehler unvoreingenommen erkennen und daraus lernen.

Der Weißkopf-Seeadler symbolisiert spirituelle Macht und Erleuchtung. Pueblo-Indianer glauben, daß der Adler spiralförmig durch eine Öffnung im Himmel fliegt, um die Sonne bzw. den Großen Geist zu begrüßen.

STUFE DES LEHRLINGS

BÄR

*Kraft. Weisheit.
Träume und Visionen.*

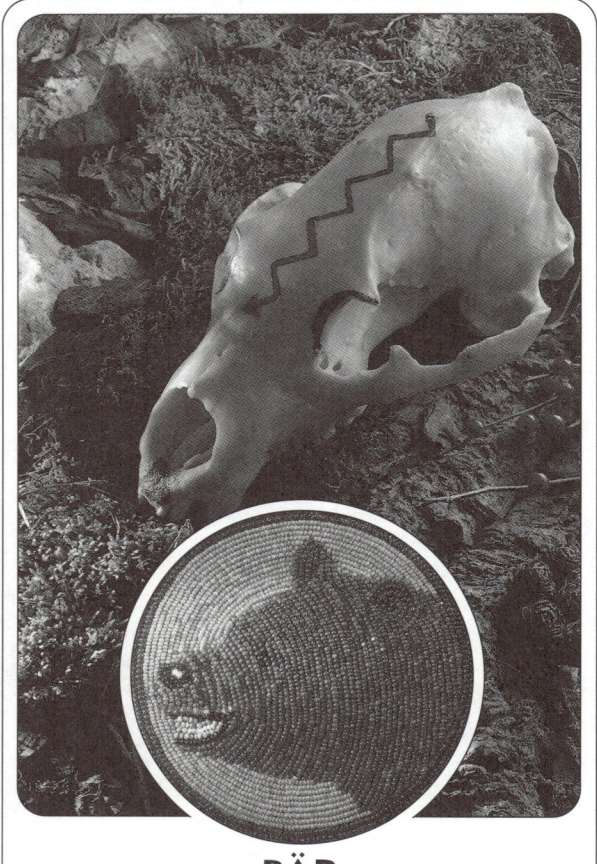

Der Bär wird mit großem Respekt behandelt. Von allen Tieren ähnelt er dem Menschen am meisten. Dieser hier ist wohl auf einer moosbedeckten Waldung gestorben. Seine Reste werden normalerweise zeremoniell begraben, nachdem der Medizinmann den Geist des Bären befragt hat, welche Reste er behalten darf. Der hier abgebildete Schädel stammt von einer Bärin und wird besonders in Heilzeremonien oder von Mitgliedern des Bärenklans benutzt. Die Zickzack-Zeichnung eines Blitzstrahls symbolisiert das Eintreten des Lichtes bzw. des Geistes in die Dunkelheit.

*Vergiß nicht die Vorsicht
Mächtiger Bär
Mutig ist
Wenig Angst zu zeigen*

Für einige Volksstämme ist der Bär unter den vierbeinigen Lebewesen der mächtigste und spirituellste, da er aufrecht stehen kann wie ein Mensch. Der Bär wird nur dann getötet, wenn keine andere Nahrungsquelle vorhanden ist. Dabei werden vor und nach der Tötung besondere Zeremonien abgehalten.

Weltweit gibt es viele verschiedene Arten von Bären, besonders in den nördlichen Breitengraden. Der riesige Grizzlybär, der bis zu 2,70 Metern groß wird, gehört zu den größten. Bären ernähren sich hauptsächlich von Beeren, Wurzeln und Insekten. Nur wenn der Lachs zur Laichzeit die Flüsse emporwandert, greift auch der Bär zu. Da er ein hervorragender Fischer ist, kennt er keine Angst vor Wasser.

Der Bär hat uns Indianern beigebracht, welche Pflanzen genießbar sind. Und er ist für uns das Lebewesen, von dem wir die meisten medizinischen Kenntnisse erhalten, da er viel über Heilpflanzen weiß.

Der Bär lehrt uns, ein Gleichgewicht zwischen Aktivität und Ruhe zu finden. Im Winter sucht er sich eine sichere Höhle oder ein Versteck, wo er bis zum Frühling ruht. In dieser Zeit geht er Träumen und Visionen nach. Der Bär zeigt uns, wie wichtig es ist, eine Zeit der Stille zu finden, weg von den hektischen Aktivitäten des heutigen Lebens. Er hilft uns dabei, in unsere innere Welt einzutauchen, Ideen zu entwickeln, Einsichten und Eingebungen aufsteigen zu lassen und unsere physischen Kräfte zu erneuern.

In vielen Stämmen verfügt der Medizinlehrer über diese Bärenkraft. Die Klauen des Bären werden oft als Zeremonienschmuck verwendet oder im Medizinbeutel getragen, da sie Heilung und schützende Energie geben.

DIE BOTSCHAFT DES BÄREN

Wenn dir ein Bär entgegentapst, will er dir mitteilen, daß du Einsicht und Zugang zu deinen Träumen und Visionen haben kannst, wenn du dir die Zeit nimmst, diese durch Meditation und Ruhe zu entdecken. Vielleicht bekommst du auch die Gabe der Heilung. Dies kann auf verschiedene Art und Weise geschehen. Arbeite aber auch an deiner eigenen Heilung, und erinnere dich daran, daß es um das Gleichgewicht zwischen Tun und Nichttun geht.

Erscheint die Karte des Bären umgekehrt herum, so ist dies eine Warnung, langsamer zu werden. Brauchst du mehr Schlaf? Oder solltest du eine Angelegenheit nochmal überdenken? Vernachlässigst du dein spirituelles oder körperliches Wohlbefinden, oder machst du dir zu viele Sorgen über materielle Dinge? Vielleicht ist dein »Winterschlaf« aber auch zu intensiv, und du hast dich in Träumen und Phantasien verloren. Setze deine Träume in Handlungen um. Möglicherweise wollen tiefliegende Gefühle an die Oberfläche kommen, um geheilt zu werden. Der Bär hat enorme Kräfte und ist bekannt dafür, daß er auf der Suche nach Nahrung in Häuser einbricht. Wenn du dich schwach fühlst oder zusätzliche Energie brauchst, rufe den Bären an. Benutze diese Kraft aber nie, um in die Sphäre eines anderen einzudringen.

Laufe ruhig mit dem Bären, sammle deine Kraft, und setze deine Intuition ein, um den richtigen Weg zu finden. Mögest du mit der Weisheit des Bären gesegnet sein.

Da der Bär auf zwei Beinen stehen kann, ist er für die Indianer wie ein Mensch. Wenn du mit der Kraft des Bären meditierst, wirst du zu deinem innersten Kern gelangen und dort die Antworten finden.

DACHS

Hartnäckigkeit. Zorn. Heilung.

Der Dachs schnüffelt in der Erde herum, auf der Suche nach Wurzeln und Kräutern, die ihm so vertraut sind. Der abgebildete Beutel könnte von einer Medizinfrau stammen, die mit Heilkräutern arbeitet. Dieser hier enthält getrockneten Salbei, der als Tee verwendet werden kann, um Toxine auszuspülen, und Osha-Wurzeln, die gut für die Verdauung sind. Der aus Hirschleder hergestellte Beutel ist mit Fransen aus Perlen versehen. An seiner Vorderseite ist ein gestreiftes Dachsfell aufgenäht worden.

*Der Dachs ordnet
Tag für Tag
Lebe ein geordnetes Leben
Will er dir sagen*

Der Dachs ist ein grimmiges und zielstrebiges Wesen mit hoher Konzentrationskraft. Sein Körper ist robust, seine Krallen und Zähne sind scharf. Er lebt tief in der Erde und ist außerordentlich pingelig. Er hält seinen Bau und dessen Umgebung absolut rein.

Der Dachs kann plötzlich sehr zornig werden. Seine Medizin ermöglicht es, Ärger und Aggression angemessen einzusetzen. Du kannst sie gebrauchen, um dich gegen andere zu verteidigen, wenn sie dir zu nahe getreten sind. Die Lehre des Dachses liegt darin, Ärger positiv einzusetzen, dich zu motivieren und die Verantwortung für eine Situation zu übernehmen. Der Dachs läßt dich nicht zum Opfer der Umstände werden.

Der Dachs ist hartnäckig, sowohl geistig als auch seelisch. Wenn er sich irgendwo festgebissen hat, läßt er nicht mehr los, er würde lieber sterben als aufgeben. Er lehrt dich, beharrlich an einem Projekt zu arbeiten und es zum Abschluß zu bringen. Dachs-Menschen wissen, wo sie hinwollen und wie sie dort hinkommen können, und erlangen deshalb oft Spitzenpositionen. Sie haben wenig Geduld mit dummen Leuten!

Wir sagen, daß der Dachs sehr gut mit Zeit umgehen kann. Er überwacht die Zeit in Zeremonien und in den geistigen Sphären. Als Erdbewohner kennt der Dachs die Heilkräfte der Wurzeln und Kräuter und gehört zu den hervorragendsten Heilern, da er die Krankheit an einen Punkt bringt, an dem eine umfassendere Heilung möglich wird. Viele Medizinfrauen rufen seine Energie an, um helfen zu können. Die ernsthaft Kranken läßt der Dachs nie im Stich. Bitte um die Dachs-Medizin, wenn du dich nicht geerdet oder konfus fühlst.

DIE BOTSCHAFT DES DACHSES

Der Dachs will dir zeigen, daß du aufwachen, dich organisieren, Vorstöße wagen und überhaupt etwas angriffslustiger werden könntest, um die Dinge voranzutreiben. Setzt du dich genügend dafür ein, deine Angelegenheiten zu beenden? Erlaube nicht, daß Hemmungen oder Unsicherheit dich zurückhalten. Handle entschieden, wenn der Zeitpunkt gekommen ist.

Die umgekehrt liegende Karte bedeutet, daß du apathisch geworden bist und dich an etwas festgebissen hast. Überlege, ob du andere Möglichkeiten übersehen hast. Wenn du dich über bestimmte Menschen oder Situationen ärgerst, versuche die Ursache zu finden. Vielleicht hast du anderen erlaubt, sich dir aufzudrängen, deinen Fortschritt zu behindern oder dir den Wind aus den Segeln zu nehmen. Untersuche deinen Ärger – jeder Ärger zielt in erster Linie auf das eigene unzulängliche Selbst – und setze ihn auf positive Art ein, um deine Ängste zu überwinden. Der Dachs drängt dich auch, langsamer und ruhiger zu werden. Wenn du weiter gegen unüberwindliche Hindernisse kämpfst, wirst du krank werden. Die Heilmethoden des Dachses sind oft aggressiv, aber wirksam. Verwende einige seiner Heilkräuter und Heilwurzeln, um dich zu beruhigen und zu stärken.

Der Dachs gilt als Einzelgänger und ist ungesellig. Es mag eine Herausforderung für dich sein, dies zu überwinden, da du sonst deine Freunde verlieren könntest. Richte dir ein streßfreieres Leben ein.

Die Gaben des Dachses sind Beharrlichkeit und gerechtfertigter Ärger. Er ist selbständig und kann dies auch anderen beibringen. Da er viel gräbt, kennt er den Nutzen der Medizinkräuter.

STUFE DES LEHRLINGS

BIBER
*Tatendrang.
Anpassungsbereitschaft.
Einfallsreichtum.*

*Der Biber ruht sich ein wenig von
seinen Bauarbeiten am Fluß aus. Ein
Pueblo-Indianer hat diesen Biber-
Stock aus einem Stück Holz
angefertigt, das von einem Biber
angenagt wurde. Die Spitze des
Stocks trägt den Biber-Schädel, der
noch einige scharfe Nagezähne
enthält. Er ist bemalt und geschmückt
mit Federn und Lederbändern, auf die
Perlen aufgezogen sind. Dieser Stock
wird als Tanzstock verwendet oder bei
Zeremonien eingesetzt, die mit der
Energie des Bibers arbeiten.*

*Biber, Erbauer
Von Hoffnungen und Träumen
Harter Arbeiter, doch sanft
Die Erde gleicht aus*

Biber sind die Baumeister, die großen Techniker im Reich der Tiere. Beim Fällen der Bäume, bei der Errichtung von Dämmen und beim Bau ihrer ausgeklügelten Wohnburgen arbeiten sie in Gruppen. Sie können bis zu 27 Kilogramm wiegen und sind in der Lage, Bäume in Höhe von drei bis vier Metern mit ihren Nagezähnen zu fällen. Sie beißen sich durch Dinge, die andere Tiere nicht einmal beachten würden. Die messerscharfen Zähne des Bibers schrecken jedes Tier ab, das sich in seine Nähe wagt. Hörst du das klatschende Geräusch auf dem Wasser? Das ist der breite Schwanz des Bibers, der warnen will. Er weiß, wie er sich den Rücken freihalten kann!

Der Biberpelz wird wegen seiner wasserabweisenden Eigenschaften sehr geschätzt, und viele Zeremoniengegenstände, wie z.B. die heilige Pfeife, sind mit kleinen Biberfellstücken verziert.

Der Biber weiß im voraus, wie hart der Winter sein wird und baut seine Wohnburg entsprechend höher, in Erwartung einer großen Schneeschmelze.

Die Bibermedizin zeigt uns, wie wir bauen, gestalten und entwickeln, wie wir unsere Vorstellungen konkret umsetzen und unsere Träume erfüllen können. Sie vermittelt uns Zielbewußtsein und die Fähigkeit, uns durchzubeißen. Biber nutzen ihre Energie aus, arbeiten fleißig und beharrlich und wissen genau, wie sie einen gemütlichen und sicheren Wohnraum herstellen können. Das ist ihre Erdmedizin.

Das Wasserelement wird mit unseren Gefühlen in Verbindung gebracht. Als Meister dieses Elements lehrt uns der Biber, »mit dem Strom zu schwimmen« und uns von diesem helfen zu lassen, Träume zu verwirklichen. Wasser und ein sicheres Zuhause sind für den Biber von größter Bedeutung: Da er sich langsam bewegt, ist er auf Land leicht verwundbar.

DIE BOTSCHAFT DES BIBERS

Wenn dir der Biber flußabwärts entgegenkommt, fordert er dich auf, dir die Strukturen anzusehen, die du in deinem Leben aufgebaut hast. Geben sie dir Schutz und Geborgenheit? Oder haben sie sich in ein Gefängnis verwandelt, in dem du nicht mehr fließen und aufnahmefähig sein kannst? Vielleicht solltest du deinen Arbeitsdrang, deinen Einfallsreichtum und deine Fähigkeit zur Gruppenarbeit einsetzen, um neue und bessere Strukturen zu schaffen. Diese können sich sowohl auf dein emotionales als auch körperliches Umfeld beziehen. Denke daran, daß eine Familie oder eine Gemeinschaft sehr viel Kraft und Schutz geben können.

Erscheint die Karte des Bibers umgekehrt herum, weist sie darauf hin, daß du in alten Mustern steckengeblieben bist und vergessen hast, mit deiner Tatkraft und deinem Einfallsreichtum etwas stabileres zu bauen. Du hast dich vermutlich der Schwerkraft überlassen und bist einfach mit dem Strom geschwommen. Der Biber hält immer seinen Kopf über Wasser. Eventuell bist du mal untergetaucht, oder dir steigt deine Arbeit über den Kopf. Die Aussage lautet: Es ist Zeit, etwas zu tun.

Willst du eine Familie gründen, ein anständiges Haus bauen oder ein lohnendes Geschäft beginnen, benutze die Gaben des Bibers, zu errichten und zu stabilisieren.

Die Heimat des Bibers ist das Flußufer. Diese Lebewesen sind Meister im Bauen von Heimen. Mit ihrer Hilfe können wir herausfinden, ob wir unsere Strukturen entweder stabilisieren oder erneuern müssen.

STUFE DES LEHRLINGS

SPINNE

*Geduld. Ausgewogenheit.
Gesponnene Energie.*

Die hier aus Perlen hergestellte Spinne breitet sich über ihr Netz aus und lauert auf die nächste Mahlzeit. Der Traumfänger oberhalb der Spinne hat fast die gleiche Aufgabe: Wenn er über deinem Bett hängt, kann er die schönen Träume, die deine Seele ernähren, einfangen und die unangenehmen, die dir Angst machen, abhalten. Hier ruht der Traumfänger auf einem Stein – die dunklen Spalten bieten eine ideale Heimat für Spinnen. Er ist aus Holz und Fasern gemacht, geschmückt mit einem Türkis.

*Die Muster des Lebens, eingefangen in der Zeit
Spinnerin des Schicksals, gib mir ein Zeichen
Die Spinne spinnt das unendliche Gewebe der Schöpfung
Sei darin verbunden, und höre auf das Gesagte*

Der Lakota-Stamm nennt sie Iktomi, die Spinnerin von Mutter Erde, sehr oft auch Großmutter Spinnerin. Spinnen gibt es von ganz kleinen, zarten Lebewesen bis hin zu großen, haarigen Tieren, von der Größe einer Handspanne. Unter allen Geschöpfen dieser Erde lockt allein die Spinne unsere verborgensten Ängste und Phobien hervor. Schau dir dieses Netz an, wie schön, symmetrisch und harmonisch sein Muster ist. Die Spinne weiß, wie sie den Luftzug ausnutzen kann, damit ihre außerordentlich starken seidigen Fäden getragen werden.

Sieh, wie sie aus ihrem Versteck heraus lauert, wartend und bereit, um bei jeder kleinsten Erschütterung im Netz ihre Mahlzeit zu empfangen.

Wir alle achten und ehren die Spinne, die Zeit und Raum spinnt und dabei die Geschichte des Großen Geistes erzählt: Die Spinnen-Frau hat die Welt durch ihr Spinnen geschaffen und spinnt noch immer an der Weiterentwicklung der Schöpfung. Auch das Spinnen des Schicksals ist Aufgabe der Spinne.

Es ist die weibliche Energie der Schöpferkraft, die die wunderschönen Muster des Lebens webt. Viele von uns glauben, daß die Spinne das erste Alphabet geschaffen hat, als sie die Formen ihres Netzes nachzog. Andere Volksstämme glauben, daß sie das Geschenk des Feuers gebracht hat.

Unter den vielen Lektionen der Spinne besteht die erste darin, Geduld, Achtsamkeit und ein Gespür für Veränderung am Horizont unseres Bewußtseins zu entwickeln. Geduld wird auch dadurch gelehrt, daß die Spinne ihr Netz, sogar bei wiederholter Zerstörung, immer wieder aufbaut. Spinnen schaffen ein Gleichgewicht und fühlen sich eins mit allem, was sie tun.

Spinnen sind räuberisch; ihre Medizin lähmt. Die Indianerstämme der Lakota und der Navajo bezeichnen die Spinne auch als »Betrügerin«, da sie ihre Opfer in die Falle lockt und dann einspinnt. Sie ist eine Fängerin mit Netzen.

Das Spinngewebe kann eine Energiefalle sein, es lehrt uns aber gleichzeitig Vorsicht und Anmut.

DIE BOTSCHAFT DER SPINNE

Wenn du die Spinne entdeckst, will sie dir sagen, daß du gelernt hast, dein Leben mit Schönheit, Stärke und Genauigkeit zu weben. Du bewegst dich ausgeglichen und achtsam durchs Leben. Wundere dich jedoch nicht, wenn deine Wachsamkeit und schnellen Reaktionen dazu führen, daß andere dich fürchten.

Erscheint die Karte der Spinne umgekehrt herum, ist vielleicht irgendein Bereich deines Lebens nicht im Gleichgewicht, oder du machst dir etwas vor. Benutze die Wachsamkeit der Spinne, um herauszufinden, wo du in deinem eigenen Netz verfangen bist.

Andrerseits könntest du von anderen getäuscht worden und in einer Falle gelandet sein. Es mag vielleicht ein attraktives und schönes Angebot sein, scheinbar ohne Bedingungen, aber letztendlich bist du doch umgarnt worden. Laß dich also nicht von irrationalen Ängsten oder Phantasien leiten.

Der Biß einiger Spinnen ist giftig und kann lähmen. Erlaube nicht, daß du dich von angsterregenden Situationen lahmlegen läßt. Benutze statt dessen deine Geschicklichkeit und Phantasie, um dich aus dem einengenden Netz dieser Situation zu befreien. Bewege dich mit der Wendigkeit einer Spinne.

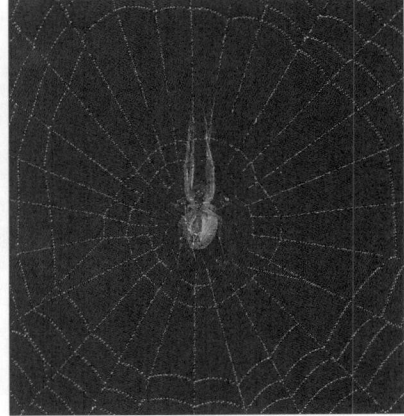

Das spiralförmige Netz der Spinne erinnert uns daran, daß wir der Mittelpunkt unserer eigenen Welt sind und unser Schicksal selbst spinnen. Die indianischen Völker glauben, daß Großmutter Spinne die Vergangenheit mit der Gegenwart zur Zukunft spinnt.

SCHMETTERLING

Empfindsamkeit. Zustimmung. Wandlung.

Dieses traditionelle Navajo(Dine)-Schmetterlingsbild, übernommen von einer Felszeichnung der Hopi, wird oft bei Heilzeremonien verwendet. Der Medizinmann der Navajos würde viele Stunden damit verbringen, das vollständige Muster, das aus natürlichen Pigmenten von verschiedenen Böden, Mineralien und Steinen besteht, fertigzustellen. Diese gestalteten Bilder enthalten viel Heilkraft. Heilung ist Transformation – die wichtigste Lehre des Schmetterlings.

Harmonie durch Gleichgewicht, flieg davon
Du bist eine Augenweide, Schmetterling
Du kennst die Wandlung und den Willen der Natur
Da du ganz und eins mit deinem Schöpfer bist

Die herausragende Pracht der Schmetterlinge ist für uns Indianer seit den frühesten Zeiten ein Symbol der Wandlung und Auferstehung gewesen. Es steht für die Fähigkeit, über bescheidene Anfänge erhaben zu sein.

Die Frauen der Stämme im Südwesten tanzen weiterhin den heiligen Schmetterlingstanz in ihren Zeremonien. Sie tragen dazu ihren traditionellen, farbenprächtigen Kopfschmuck.

Schmetterlinge wissen, wie sie den Moment genießen und in der Wärme des Sonnenlichtes tanzen können. Sie folgen dem natürlichen Fluß des Lebens in vollkommener Harmonie und Ausgewogenheit. Sie sind so empfindsam, daß ihre Abwesenheit auf ein ökologisches Ungleichgewicht in einem bestimmten Gebiet schließen läßt.

Der wunderschöne Schmetterling bringt dir bei, dich von dem Entwachsenen zu verabschieden und in die nächste Lebensphase der Transformation einzutreten. Auf der körperlichen Ebene könnte das bedeuten, die Veränderungen anzunehmen und dabei ihre Schönheit zu sehen – wie z.B. der Schritt vom jungen Mädchen zur Mutter – oder die Würde der Ältesten zu ehren.

Auf der gefühlsmäßigen Ebene hilft der Schmetterling dir, negative Empfindungen in positive umzuwandeln. Auf der Verstandesebene bringt er dir Klarheit durch seine Beziehung zum Luftelement. Bitte ihn, daß du die für dich notwendigen inneren und äußeren Wandlungen klarer erkennen kannst.

Spirituell gesehen erinnert der Schmetterling daran, daß du ein Wesen aus reinem Geist und Schönheit bist und dich auf einer großen evolutionären Reise befindest. Du fühlst dich eventuell noch im Ei-Stadium und entwickelst gerade erst das Bewußtsein dafür, wer du wirklich bist. Das Larvenstadium zeigt an, daß du eine Richtung unter den vielen möglichen Wegen suchst. Gehe langsam, und lerne zu unterscheiden. Du fühlst dich vielleicht sicher im Kokon, aber die geistigen Strukturen, in die du dich eingewoben hast, sind jetzt zu eng geworden. Wenn du erst einmal in deine Schmetterlingsform aufgebrochen bist, weißt du, daß du deinen eigenen und einzigartigen Weg der Schönheit gefunden hast. Diesen Reichtum kannst du dann teilen.

DIE BOTSCHAFT DES SCHMETTERLINGS

Der schöne Schmetterling fragt danach, an welcher Stelle deines Wandlungszyklus du dich befindest. Ehre jede Stufe des Wachstums, sie haben alle ihre Bedeutung, es gibt keine Abkürzungen und nichts ist umsonst.

Liegt die Karte des Schmetterlings umkehrt herum, zeigt dies, daß du deiner gegenwärtigen Lage entwachsen bist. Du fühlst dich zwar sicherer im Kokon, solltest jetzt aber den Mut aufbringen, deine Freiheit zu beanspruchen und zu deinem wahren Selbst zu werden. Entfalte deine Flügel, tanze in der sonnendurchfluteten Welt, die auf dich wartet, und teile deine Farben mit allem, was dich umgibt.

Möglicherweise bist du ein Schmetterling, der umherflattert und Menschen und Erfahrungen sammelt, ohne sich wirklich tiefer einzulassen. Oder du hast deine innere Welt zugunsten des vordergründigen, äußeren Lebens vernachläßigt. Werde langsamer, und schaffe eine Verbundenheit mit den früheren Phasen deines Wachstums.

Gerade geschlüpft aus seinem Kokon, ist der Schmetterling ein ausdrucksvolles Symbol der Wandlung und der Fähigkeit, die Form zu verändern. Für die Indianer stellt er auch Freude und Farbenpracht dar.

PFERD

Stärke. Energie. Freiheit des Geistes.

In der hier abgebildeten Gürtelschnalle zeigt das Pferd seine Stärke. Die Trommel im Hintergrund ist mit Pferdeköpfen bemalt und wird von Medizinmännern dazu verwendet, Trancezustände für Visionsreisen einzuleiten. Die Schamanen-Trommel wird als der Geist des Pferdes betrachtet, mit dessen Hilfe der Suchende in andere Dimensionen geführt wird. Der daneben liegende Schlegel ist aus Holz und Leder gemacht. Das Schild der Pferd-Medizin ist aus ungegerbtem Leder hergestellt, bedeckt mit Federn und Pferdehaar. Es wird am Kopf oder an den Armen getragen, um Ansehen, Stärke und Leichtfüßigkeit zu bringen.

Laß dich vom Wind tragen
Flink und frei
Lebe das Leben
So, wie es sein soll

In unserem alten Sprachgebrauch wurde das Pferd als »Riesenhund« bezeichnet. Pferde stehen für die Qualitäten Stärke, Energie und Bewegung. Es ist kein Zufall, daß wir die Leistung unserer Automotoren immer noch in Pferdestärken messen.

Im Laufe der Zeit wurde das Pferd willens, mit dem Menschen zusammenzuarbeiten. Es wird jedoch nie so abhängig sein wie der Hund. Der freie Geist des wilden Pferdes steckt in dem sanftmütigsten Pony und verlangt unsere Achtung.

Als das Pferd bereit war, den Menschen auf seinem Rücken zu tragen, veränderte sich die ganze Vorstellung von Fortbewegung und Verständigung. Es verwandelte unsere indianischen Völker von langsam dahinziehenden Nomaden in starke, berittene Krieger. Pferde deuten auf die Stärke eines Stammes hin. Es gab eine Zeit, in der das Fehlen eines Pferdes den sicheren Tod bedeutete. Die Wichtigkeit der Pferde stieg ins Unermeßliche, zumal sie auch schwere Lasten über große Entfernungen transportieren konnten.

Beachte folgendes: Um dich mit dem Geist des Pferdes zu verbinden, bläst du sanft in seine Nüstern. Pferde sind wie der Wind, ihre Medizin ist Schnelligkeit, Ausdauer, Stärke und Freiheit des Geistes. Sie zeigen uns auch die Verantwortung, die die Freiheit mit sich bringt. Ein Mensch zu Pferde, der sich mit diesem eins fühlt, wird erfahren, wie es ist, ein vierbeiniges Wesen zu sein.

Da sich Mensch und Pferd zusammen entwickelt haben, ist das Pferd Teil unseres Lebens geworden. Es durchzieht unsere Träume, unsere Visionen und unsere Mythologien, wie z.B. Pegasus, das geflügelte Pferd der Griechen.

Ist in deinen Träumen oder Visionen ein Pferd aufgetaucht, nimm es auf jeden Fall wahr.

DIE BOTSCHAFT DES PFERDES

Ein herangaloppierendes Pferd fordert dich auf, deine Macht geltend zu machen, womit die Macht über dein »kleines Selbst« gemeint sein kann. Du weißt, daß wahre Freiheit nur im Innersten gefunden werden kann, und du hast bereits die Kraft und Ausdauer, dein Leben nach deinem Wunsch zu leben. Rufe die Pferd-Medizin an, um dir helfen zu lassen.

Erscheint die Karte des Pferdes umgekehrt herum, fragt es dich, ob du in irgendeiner Weise deinen Mut verloren hast und anderen erlaubst, dich auszunutzen. Hast du deine Kraft abgegeben? Oder beschneidest du dich in deiner Freiheit? Vielleicht hast du auch deine Macht über andere mißbraucht. Befreie deinen Geist, und laß dir ab und zu mal freien Lauf.

Andernfalls verhältst du dich eventuell zu aufbrausend und unverantwortlich.

Black Elk, unser großer Lakota-Seher, sah vier Pferde der Kraft in seiner Vision: das weiße im Norden, das fuchsrote im Osten, das rehbraune im Süden und das schwarze im Westen, die alle große Gaben brachten. Das Pferd will dich auffordern, zu reisen, deinen Horizont zu erweitern und neue Menschen kennenzulernen.

Wir warten immer noch alle auf das legendäre Medizin-Pferd, das eines Tages zurückkommen wird.

Der Mustang steht für den Geist der Freiheit und Stärke. Im allgemeinen brachte das Pferd den Indianern Freiheit, da es ihnen vier statt zwei Beine gab.

STUFE DES LEHRLINGS

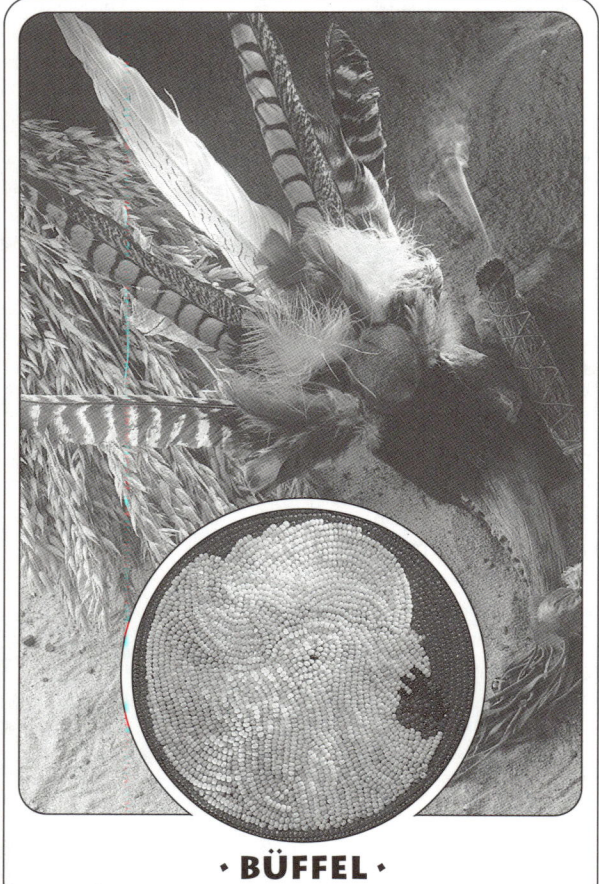

BÜFFEL

*Schutz. Eigensinnigkeit.
Großzügigkeit.*

Der Büffel ist der Überbringer von allem Guten, ein großer Versorger. Das Symbol hier zeigt einen Fächer aus Federn, dessen Griff aus dem Kieferknochen des Büffels, eingebunden in Büffelhaut, gemacht ist. Die Federn stammen von verschiedenen Vögeln, darunter auch vom Truthahn, der ebenso als Geber und Ernährer gilt. Hier ist ein Räucherstab abgebildet, der aus Kräutern, unter anderem auch Süßgras, Lavendel und Salbei, besteht. Sie bringen gute Energie und Segnungen.

Geist des Büffels – Geschenk des Lebens
Bringe das beruhigende weiße Licht
Schützende Wärme, wir sind dir dankbar
Unter uns stehend, weckst du unsere Hoffnungen

Der Büffel ist für unser Volk der heilige Spender von Fülle. Büffel sind eine wichtige Versorgungsquelle: Sie liefern Fleisch fürs Essen, Haut für Kleidung, Fasern fürs Nähen, Klebstoff, Medizin, Fell für Decken und Schutz für Tipis und für die Abdeckung der Schwitzhütten. Ihre Hörner werden noch immer für zeremonielle Anlässe verwendet.

Sieh dir diesen Büffelbullen mit seinem großen, zotteligen Kopf an. Er wird wohl insgesamt 900 Kilogramm wiegen. In früheren Zeiten zogen Büffel meilenweit übers Land, heute sind nur noch etwa 50 000 übrig. Als die Weißen die Anzahl unserer Herden verminderten, wurde uns gleichzeitig unsere Hauptnahrungsquelle entzogen.

Büffelkühe beschützen ihre Kälber mit aller Kraft. Sie bilden gegen den Uhrzeigersinn einen abwehrenden Kreis um die Kälber herum, die Bullen hingegen drehen sich in einem äußeren Kreis in Uhrzeigerrichtung. Diese Anordnung spiegelt sich in einigen unserer Tänze wider.

Eine unserer hochgeschätzten Geschichten ist die von der Weißen-Büffelkuh-Frau, einem ausstrahlenden Wesen, welches uns die heilige Pfeife brachte. Die Pfeife symbolisiert die Verbindung allen Lebens mit dem Schöpfer. Der Hals dieser Pfeife ist von den Baummenschen aus Holz gemacht, der Kopf besteht aus Catlinit und stellt das Blut der Menschen dar. Natürlicher Tabak ist das heilige Kraut, welches für Gebete und Verbundenheit benutzt wird, die über den Rauch zum Schöpfer emporgehoben werden. Die Weißen Büffel sind erst in letzter Zeit auf die Welt gekommen. Sie bringen Hoffnung für die Zukunft und die Erfüllung uralter Prophezeiungen.

Die Lehre des Büffels ist die der Fülle, der Dankbarkeit und des Gebets. Er gibt sich ganz hin und fordert uns auf, alles im Leben zu teilen.

DIE BOTSCHAFT DES BÜFFELS

Wenn dieses große Tier zu dir kommt, weißt du, daß deine Gebete erhört worden sind. Du wirst Heilung erfahren und auf allen Ebenen genährt werden. Du erkennst die Verbindung zwischen dir und dem Schöpfer, die durch Gebete und tiefe Dankbarkeit entstanden ist. Erinnere dich daran und teile mit anderen den aufsteigenden Rauch der heiligen Pfeife, der die universelle Sprache des Gebets darstellt. Dein Bewußtsein erweitert sich, und du bist empfänglich für die Bedürfnisse deiner Mitmenschen.

Erscheint die Karte des Büffels umgekehrt herum, will er dich davor warnen, Menschen und Gegebenheiten als selbstverständlich anzunehmen. Bist du eher ein Nehmer oder ein Gebender? Der Büffel ist oft eigensinnig und schwerfällig. Achte auf Bereiche, in denen du festgelegt bist, besonders wenn es um deine Meinungen geht. Nimm dir die Zeit, deine persönlichen Angelegenheiten zu regeln, und respektiere den Weg der anderen, auch wenn es dich traurig stimmt. Schütze dich selbst mehr. Eine alte Angriffstechnik unseres Volkes bestand darin, eine Herde über Felsen zu jagen. Sieh zu, daß du dich nicht jagen läßt.

Die großen Schultern und der Buckel des Büffels lassen die Frage auftauchen, ob du dir zuviel von den Lasten anderer aufgeladen hast oder zuviel Verantwortung trägst.

In der Sprache der Lakota wird Büffel Tatanka genannt. Der Bison ist das Symbol für Fülle, die durch rechtes Verhalten entstanden ist. Er lehrt uns, gut geerdet zu sein.

AMEISE

Pflicht. Treue. Fleiß.

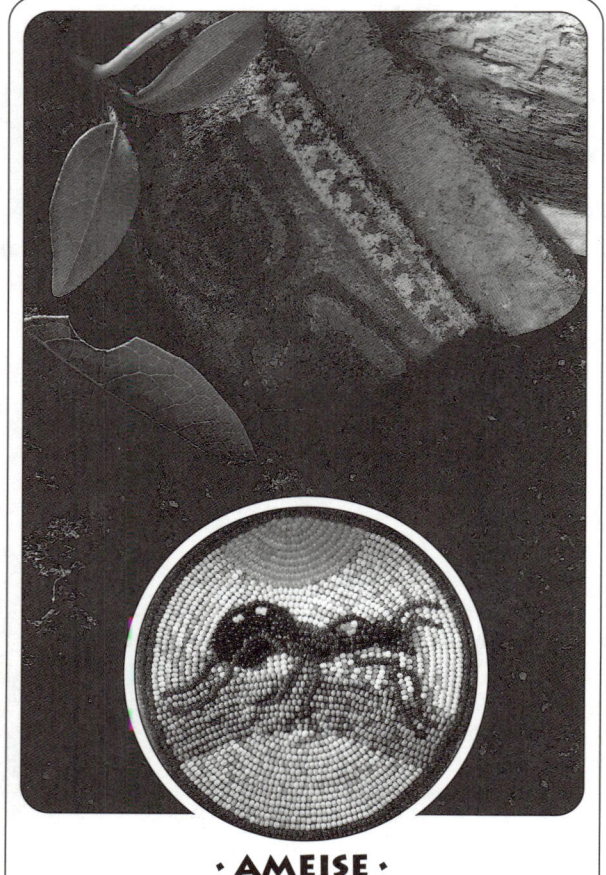

Die geduldige Ameise krabbelt ruhig über ein Stück Keramik – wahrscheinlich stammt es aus Santa Clara Pueblo am Rio Grande in New Mexico. Die verschiedenen Töpfer der Pueblo-Indianer tauschen oft ihre Ideen miteinander aus: Hier handelt es sich um eine Zeichnung der Zunis. Manche Holzameisen sind »Blattschneider« (wie das angefressene Blatt auf der Abbildung hier erkennen läßt), da sie große Teile frischer Blätter abbeißen und zum Fressen wegtragen.

Mehr Stärke durch gemeinsame Anstrengungen
Mit Geduld und Liebe werden Dinge vollbracht
Du vermittelst Zufriedenheit und Vertrauen
Andere danken mit Beständigkeit und Verpflichtung

Ameisen organisieren sich auf einmalige Art und Weise. Wir haben Ameisenstaaten untersucht und festgestellt, daß sich die Arbeiterinnen in verschiedene Gruppen aufteilen, je nach ihrer Tätigkeit: Kriegerinnen, Brüterinnen, Bäuerinnen, Hirtinnen, Baumeisterinnen, Ernährerinnen, Arbeiterinnen und Aufseherinnen. Jede Gruppe kennt ihre Aufgabe und führt ihre Pflichten in absoluter Treue aus, um damit Gesundheit und Überleben des Staates zu gewährleisten. Jede Ameise dient der Königin, und alle Tätigkeiten werden mit großem Eifer und Entschlossenheit ausgeführt. Sie sind auch Planer und Baumeister, die ihre Aufgabe mit aller Geduld zu Ende führen, egal wie lange es dauert. Beobachte, wie diese kleine Ameise ein Korn über eine unglaublich große Entfernung trägt und dabei sämtliche Hindernisse überwindet. Sie stellt auch Fallen auf und wartet dann lange Zeit auf ihre Beute. So mancher großer Ameisenhaufen hat wohl Jahre gebraucht, um aufgebaut zu werden.

Jetzt ist die kleine Ameise zu dir gekommen. Ihre größte Lehre ist die der Geduld: Du wirst Geduld erreichen, auch wenn du bisher ohne sie auskommen mußtest. Vertraue dem Kosmos, er wird sie dir bringen.

DIE BOTSCHAFT DER AMEISE

Die besten und lohnendsten Ergebnisse werden durch genaue Planung und einwandfreies Bauen erreicht. Die Ameise erinnert daran, daß du Teil einer Gruppe, einer Familie oder Gemeinschaft bist und daß durch die Befriedigung der Bedürfnisse aller Zufriedenheit und Sicherheit entsteht. Keiner gedeiht in der Isolation, bemühe dich also um deine Brüder und Schwestern auf dieser Erde. Dazu gehören alle Lebewesen, ob geflügelte Tiere, Pflanzen, Bäume, Steine, Flüsse oder Berge. Diese sind alle »unsere Verwandten«. Wenn du dich um sie und deine Umwelt sorgst, werden sie sich auch um dich kümmern. Entdecke, mit welchen Menschen du dich verbunden fühlst und welche deiner Qualitäten am meisten gebraucht werden. Entwickle dann geduldig deine Fähigkeiten und Talente.

Die Ameise erinnert dich auch daran, mit Energie und Hingabe zu arbeiten: Auf diese Weise werden dich die Ergebnisse deiner Arbeit befriedigen.

Erscheint die Karte der Ameise umgekehrt herum, frage dich, ob du auf spiritueller oder körperlicher Ebene faul geworden bist. Andererseits gilt aber auch, daß nichts erreicht wird, wenn du nur chaotisch und unvorbereitet hin und her rennst. Vielleicht bist du ungeduldig mit dir selbst. Nimm dir Zeit, zu wachsen und das Leben vollkommen zu erfahren. Es kann sein, daß du zu ichbezogen geworden bist und dich auf Kosten anderer bedient hast. Behandle deine Mitmenschen mit Respekt, jeder von ihnen hat bestimmte Gaben oder kann seinen Teil beitragen.

Bist du ungeduldig mit anderen und erwartest von ihnen, daß sie das Unmögliche im Bereich Arbeit, Disziplin oder gar im Hinblick auf spirituellen Fortschritt vollbringen? Vergiß nicht, daß ein überbeschäftigter Mensch, der hektisch hin und her rennt und sich wichtig macht, dies tut, um andere untätig erscheinen zu lassen und sich dadurch selbst überlegen zu fühlen.

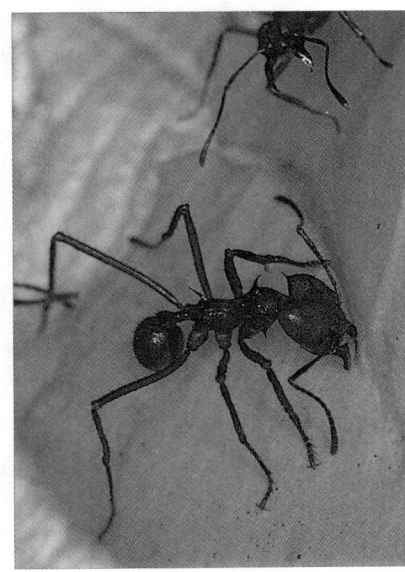

Diese zwei Waldameisen sind als »Blattschneider« bekannt. Zeichnungen von Ameisen findet man gelegentlich auf indianischer Töpferware.

OTTER

*Verspieltheit. Vertrauen.
Weibliche Intuition.*

Einige Otter sind Meerestiere. Sie leben von Krabben, Muscheln und Seeigeln, die sich in Felsspalten aufhalten. Um nicht ins Meer hinausgespült zu werden, wickeln sich Otter in Seetang ein. Im Meer sind sie schnell und wendig. Sie sind selten alleine, oft sieht man sie mit kleinen Gegenständen spielen, die ihre Neugier erweckt haben – eine Erinnerung daran, daß wir unseren Körper geschmeidig und unseren Geist beweglich und offen halten sollten.

*Spiel mit dem Lachen des Lebens
Laß die Freude der Kinder erblühen
Der Otter erinnert an den inneren heiligen Ort, ein Geschenk
Unschuld so rein, du schützt die Seelen, die du erhebst*

Der Otter ist ein glattes und glänzendes Tier, das sowohl auf dem Land wie auf dem Wasser zu Hause ist. Im Wasser bewegt es sich geschmeidig und anmutig, als ob es damit spielen würde. Der Otter ist von Natur aus neugierig, aber auch scheu und schnell auf der Flucht; er ist selten aggressiv. Otter bevorzugen ein kühleres Klima und errichten ihre Bauten an steinigen Küsten oder an Flußufern.

Wir ehren den Otter wegen seiner wichtigsten Lehre, in der es um weibliche Qualitäten geht. Er ist offen und freundlich und beschützt seine Jungen. die er durch Spiel und Spaß erzieht, mit aller Kraft.

Für uns stellen diese Eigenschaften insbesondere die Medizin der Frauen dar. Die Lehrerinnen oder Heilerinnen unserer Stämme benutzen oft Gegenstände, die aus Otterfell gemacht sind. Diese werden mit großem Respekt behandelt und nach Benutzung mit Rauch gereinigt. Das liegt daran, daß die Eigenschaften und Geistenergien der verschiedenen »Lehrer-Wesen« in ihren Federn, Fellen und Knochen enthalten sind.

Der Otter lehrt sowohl Männer als auch Frauen, wie schön die weibliche Energie ist, wenn sie in einer ausgeglichenen Weise eingesetzt wird. Sie ist eine einladende und nachgiebige Energie, die keine Rivalität kennt, besonders nicht mit anderen Frauen. Diese werden eher als Teil einer Vereinigung von Schwestern verstanden und nicht als Rivalinnen.

Vom Otter lernen wir, Schönheit, Spiel und Spaß zu teilen und offen, leicht und entspannt miteinander umzugehen. Er erinnert uns an die Gefahr, zu unbeweglich in Geist, Körper und Gefühlen zu werden, oder daran, daß wir zu wenig offen und großzügig sind.

DIE BOTSCHAFT DES OTTERS

Wenn der Otter dir entgegenschwimmt, bringt er dir die Gaben der weiblichen Weisheit und der Fähigkeit, beide Seiten deiner Natur auszugleichen und zu ehren. Das weibliche Wesen lehrt dich, zu vertrauen und empfänglich zu sein, sowohl fremden Menschen als auch neuen Ideen gegenüber. Setze deine weibliche Intuition ein, um dich zum Kern der Dinge führen zu lassen. Freudig und großzügig, wie der Otter ist, bringt er dir nahe, zu geben und gut mit dir selbst umzugehen, dir Zeit für Ruhe und Spiel zu gönnen. Es ist nicht der Sinn des Lebens, sich nur seinen Pflichten zu widmen.

Erscheint die Karte des Otters verkehrt herum, fragt er dich, ob du deine weibliche Seite verdrängt hast und zu prüfend und streng mit dir selbst geworden bist. Werde weicher, versuche im Element des Otters, im Wasser, zu schwimmen, um Spannungen abzubauen und einen geschmeidigen Körper zu bekommen. Geistige Sturheit ist oft zurückzuführen auf Überzeugungen, die aus der Kindheit stammen. Erweitere deinen Horizont, sei unternehmungslustig, steige aus den alten Gewohnheiten aus, und versuche mal etwas Neues und Freudiges.

Vielleicht hast du dich der Wärme und der Liebe, die dir andere entgegenbringen, verschlossen.

Der Otter lehrt uns, wie wertvoll Freundschaften und Gefährten sind. Brauchst du mehr Umgang mit Gleichgesinnten? Suche dir einen Verein oder eine Gruppe, wo dein Interesse an Neuem geweckt wird. Man wird leicht griesgrämig und gelangweilt, wenn man nicht mehr für Anregungen empfänglich ist.

Der Fischotter verspeist eine Forelle. Seine Neugier und Verspieltheit erinnern uns daran, daß das Leben Spaß machen kann, wenn wir lernen, es mit Leichtigkeit und Anmut zu bereichern.

KANINCHEN

Scheu. Sorge. Wachsamkeit.

Das Kaninchen liegt gut versteckt in seinem Bau im Wald und geht dem Bären aus dem Weg. Das Bild zeigt eine große Bärentatze, gezeichnet auf einer Rassel aus ungegerbtem Leder. Das Fell unterhalb der Rassel ist Kaninchenfell, Symbol für ein feines, einfühlsames und empfindsames Gespür, das als Gegengewicht zur oft schweren und übermächtigen Energie des Bären dient. Der Griff aus Rehleder hat am unteren Ende Fransen mit Perlen. Am Kopf der Rassel sind verschiedene Federn angebracht, die zu tanzen scheinen, wenn die Rassel geschüttelt wird.

Schütze dich vor dem Mantel der Nacht
Fürchte die Schatten des Lichtes
Bleib aufrecht und mutig, kleines Kaninchen
Nimm dein Leben nicht so tragisch

Alle Sinne des Kaninchens sind darauf gerichtet, irgendwelche Gefahren aufzuspüren. Beobachte, wie der leiseste Anflug von Unbekanntem oder Unerwartetem, vermittelt durch eine leichte Brise, sofort seine Ohren erreicht. Das Kaninchen läuft immer weg und stellt sich nie dem Feind. Wenn es sich, schnell hoppelnd, in Sicherheit bringt, erinnert uns sein weißer Stummelschwanz an die Eigenschaft der Feigheit. Sein Vetter Hase hat einen anderen Ruf, besonders in keltischen Ländern, wo er als etwas Magisches verehrt wird. Männliche Hasen kann man während der Paarungszeit im Mondlicht beobachten, wie sie miteinander wetteifern.

Wir glauben, daß alles ausgewogen sein muß, und benutzen in Zeremonien einen Fächer aus Adlerfedern mit einer Halskrause aus Kaninchenfell – als Symbol des Gleichgewichts zwischen der Wildheit des Adlers und der Scheu des Kaninchens, seiner Beute.

Ein Kaninchen kann bedeuten, daß Vorsicht und Weichheit ihre Berechtigung haben und daß es manchmal besser ist wegzulaufen, anstatt sich von einer Person oder Situation überwältigen zu lassen.

DIE BOTSCHAFT DES KANINCHENS

Das Kaninchen bringt die Gabe des Zuhörens: Es bemerkt sofort jede Gefahr in seiner Umgebung. Benutze diese Fähigkeit, um Schwierigkeiten zu erspüren, bevor sie tatsächlich da sind. Das Kaninchen zeigt dir aber auch, wie unsinnig es ist, in unangemessenen Ängsten steckenzubleiben. Finde Mut, und stelle dich den Ängsten, anstatt vor ihnen wegzurennen, was sowieso keine Lösung ist.

Benutze die Medizin des Kaninchens: Begreife deine Ängste. Sie sind manchmal nicht deine eigenen, da sie von Einstellungen herrühren, die deine Eltern oder andere Menschen in dich eingepflanzt haben, als du noch ein Kind warst.

Gebe diese Ängste seinen Besitzern zurück! Andere Ängste sind vollkommen irrational; schreibe sie auf und verbrenne sie.

Die umgekehrt liegende Karte des Kaninchens bedeutet, daß du viel Energie verlierst und dein Leben und deine Ursprünglichkeit einschränkst, wenn du an Gedanken und Empfindungen, die auf Angst beruhen, festhältst. Warum machst du dir Sorgen? Es wird womöglich nie passieren! Deine ablehnende Einstellung zum Leben kann unangenehme Ereignisse anziehen.

Benutze doch die Kraft der Angst, um dich in Bewegung zu setzen und dein Leben in die Hand zu nehmen. Wer will schon immer wieder Opfer sein, das nur auf das nächste Unglück wartet? Seine Ängste zu überwinden, um im Leben voranzukommen, ist ein großer »Akt der Stärke« und ein Zeichen für einen wahren Krieger.

Vielleicht wäre es wichtig, in den Schutz und die Ruhe deines Baus zurückzukehren, um dein angeschlagenes Nervenkostüm nach einem großen Schrecken oder einer ernsten Krise wiederherzustellen.

Das Kaninchen ist einer der ersten Lehrer, die der Große Geist geschaffen hat, weil Angst zu unseren tiefsten Gefühlen gehört. Da das Kaninchen Beute von vielen Lebewesen ist, hat die Natur ihm große Fruchtbarkeit geschenkt. Wir können also unser Vertrauen wiederherstellen, indem wir neuen, fruchtbaren Ideen nachgehen.

Das hier abgebildete Waldkaninchen hat aufgehört zu grasen und ist ganz wachsam. Sein weißer, weicher Stummelschwanz ist ein nützliches Alarmsignal, das uns daran erinnert, daß manche Ängste gerechtfertigt sind.

STUFE DES LEHRLINGS

SCHLANGE

*Wiedergeburt. Schöpferkraft.
Sexualität.*

Die Gürtelschnalle zeigt eine zusammengerollte Schlange, die schläft. Sie wird jedoch bei der leisesten Bewegung oder Erschütterung sofort ihre Augen öffnen. Ihre Lieblingsumgebung ist trocken, heiß und sandig. Ihre abgeworfene Haut symbolisiert Wiedergeburt und wird von Indianern oft eingesammelt, um sie für eine Schlangenrassel zu verwenden – ähnlich wie diese hier im Bild. Der Kopf der Rassel ist mit einer Schlange bemalt, der mit Perlen versetzte Griff mit Schlangenhaut umwickelt, und die Rassel der Schlange hängt neben den Perlen.

*Erinnerung an die Geburt
Vorantreiben der Veränderung
Wechseln der Haut
Zeiten der Wandlung*

Schlangen rufen starke Gefühle der Angst und der Faszination hervor, obwohl nicht alle giftig sind. Weil sie es lieben, sich in der warmen Sonne zu baden, werden sie in Verbindung mit der Feuerenergie gesetzt. Für viele alte Traditionen sitzt die Lebenskraft des Menschen, zusammengerollt wie eine Schlange, am unteren Ende des Rückgrats. Wenn Schlangen eine Erschütterung durch Schritte wahrnehmen, schlängeln sich die meisten, wie auch diese hier, davon. Die Legenden von der magischen Kraft der Schlange, Wandlungen und Änderungen in einem endlosen Rad des Todes und der Wiedergeburt zu bewirken, entstanden aus ihrer Fähigkeit, sich viele Male zu häuten.

Die Medizin der Schlange kann das Gift von negativen Erfahrungen oder Seinszuständen überwinden und wandeln. Die Ägypter verwendeten ein ineinander verschlungenes Schlangenpaar als Symbol für die Heilung durch Feuer, welches das Gift herausbrannte. Die goldenen Schlangenkronen ihrer Priester-Könige symbolisierten Macht und übersinnliche Gaben. Die Schlangenpriester der Hopi tanzen mit den tödlichen Wüstenschlangen in ihren Zeremonien, ohne dabei gebissen zu werden.

Die Schlangen-Medizin ist auch die der Sexualität, der heiligen, universellen Schöpferkraft. Diese Kraft kann jedoch auch faszinierend und verführerisch sein. Sexualität, gepaart mit Liebe und dem Bewußtsein der universellen Schöpferkraft, kann Begeisterung und Schönheit im Leben schaffen. Es ist diese Kraft, die den Künstler, den Musiker oder den Athleten anfeuert.

DIE BOTSCHAFT DER SCHLANGE

Wenn du gerade die Anstrengungen einer Wiedergeburt durchlebst – eine neue Beziehung, neue Arbeit – oder eine neue Seite in dir entdeckt hast, ist der Zeitpunkt gekommen, um dir Ruhe zu gönnen. Ist deine schöpferische Energie sehr gering, lege dich ein wenig in die Sonne, um wieder Kraft aufzutanken. Wenn du unter dem Gift der Verleumdung leidest, zeigt dir die Schlange, wie du es neutralisieren kannst: Entweder ignorierst du es und gleitest davon, oder du benutzt die Kraft und Autorität der Schlange, dich dem Übeltäter zu stellen.

Liegt die Karte der Schlange umgekehrt, fragt sie dich, ob du Angst vor deiner eigenen Stärke hast. Hindern dich Minderwertigkeitsgefühle daran, überholte Ansichten und Situationen loszulassen? Du hast genügend Energie und Kraft, um deine alte Haut abzulegen und in eine neue zu schlüpfen. Betrachtest du die Sexualität eventuell aus einem eingeschränkten Blickwinkel? Erlebe sie als ein heiliges Feuer der Schöpfung, und übersetze dieses in Leidenschaft und Phantasie bei allem, was du tust. Laß dich jedoch nicht durch die unausgewogene Sexualität der anderen in die Falle locken. Betrachtest du die Lektionen des Lebens als nutzloses Gift? Begrüße und wandle sie in Stärke und Selbsterkenntnis um.

Als Symbol der Wandlung und Heilung, von Tod und Wiedergeburt, bringt die Medizin der Schlange die Fähigkeit, mit ihrem hypnotischen Blick und ihren faszinierenden Augen in die Herzen und Köpfe der Menschen zu sehen. Die Abbildung hier zeigt eine Diamantklapperschlange.

STACHEL-SCHWEIN

Zahmheit. Vertrauen. Unschuld.

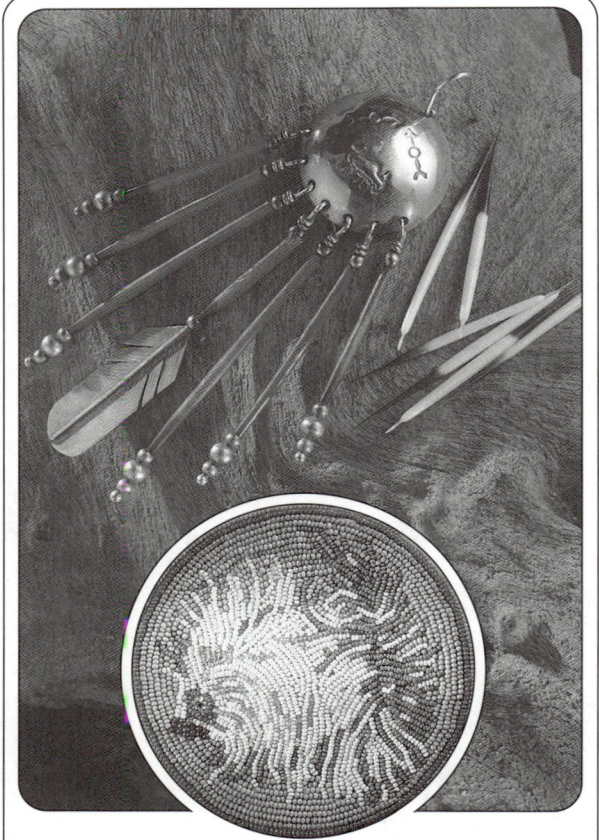

Bevor der weiße Mann den Eingeborenen Perlen im Tausch gegen Felle und anderen Waren anbot, wurden die gefärbten und flach geschlagenen Borsten der Stachelschweine dazu benutzt, Kleidung aus Hirschleder, rituelles Werkzeug und Schmuck mit farbenprächtigen Mustern zu verzieren. Die Ohrringe aus Federn und Borsten, hier abgebildet auf einer Holzrinde – die vermutlich als natürliches Färbemittel benutzt wurde –, sind eine moderne Version der alten traditionellen Form. Sie symbolisieren Schutz, und das Stachelschwein mit seinen aufgerichteten Borsten soll Eindringlinge fernhalten.

Die Heimat des Stachelschweins
Warm und sicher
Schützende Geborgenheit
Und positiver Wesenszug

Auf den ersten Blick erscheint das Stachelschwein als stark gewappnetes und angriffslustiges Tier, über und über bedeckt mit langen, spitzen, giftigen Stacheln. Dies trifft aber nur zu, wenn es angegriffen wird. Das Stachelschwein ist zahm, vertrauensvoll und verspielt. Dieses Lebewesen bevorzugt ein warmes Klima. Da es sehr scheu ist, rollt es sich jedoch oft im Schutz der Zweige im Schatten zusammen und wird deshalb übersehen.

Bevor der weiße Mann den Indianern Perlen zum Tausch gegen Felle und andere Waren brachte, benutzte man die Borsten der Stachelschweine als Verzierung der besten Kleider, der Kriegsausrüstung und der zeremoniellen Gegenstände. Auch heute noch schmücken die Borsten die am höchsten geschätzten traditionellen Besitztümer.

Für uns Indianer besteht die Medizin des Stachelschweins in Vertrauen und Unschuld. Da Stachelschweine eine sanfte und zutrauliche Natur haben, sind sie dafür bekannt, daß sie Nahrung von Menschen, denen sie vertrauen, annehmen. Vertrauen ins Leben zu haben bedeutet, um die Fürsorge des Großen Geistes zu wissen und daran zu glauben, daß es für alles einen Sinn und Zweck gibt und daß Mutter Erde dich ernähren wird, weil du ihr Kind bist. Es ist also sicher, mit Licht und Schatten zu spielen und es zu genießen. Die Zivilisation hat uns von dieser kindlichen Unschuld abgebracht und uns gelehrt, unsere Nachbarn zu fürchten und das Leben sehr ernst zu nehmen. Das hat dazu geführt, daß wir uns in unseren Möglichkeiten und unserem Einfallsreichtum beschränken und nicht mehr wagen, Freundschaften oder Beziehungen einzugehen.

DIE BOTSCHAFT DES STACHELSCHWEINS

Wenn dir das Stachelschwein begegnet, fordert es dich auf, wieder zu einer einfacheren Lebensauffassung zu kommen. Erlaube dir nicht, zynisch oder zu anspruchsvoll zu werden. Die Medizin des Stachelschweins gibt dir die Fähigkeit, dein inneres Kind wieder Verspieltheit und Freude erleben zu lassen oder aus deinen Schattenbereichen herauszukommen. Gib dein Mißtrauen auf, folge deiner Intuition. Das Stachelschwein sagt dir, daß du vertrauen darfst und dein Ego nicht übermäßig zu schützen brauchst.

Erscheint die Karte des Stachelschweins umgekehrt, warnt es dich davor, in bestimmten Situationen zu naiv oder vertrauensselig zu sein. Bist du zu verwundbar geworden? Ist das der Fall, brauchst du ein wenig Schutz vom Stachelschwein.

Andererseits nimmst du dich möglicherweise zu ernst oder zu wichtig. Lerne vom Stachelschwein, die Freude eines kindlich offenen Herzens zu empfinden. Vielleicht hast du aufgrund von Verletzungen oder widrigen Umständen aufgehört, dem Leben zu trauen. So, wie ein Kind zu Mutter und Vater zurückkehrt, wende auch du dich an Mutter Erde und den Großen Geist, um die von dir ersehnte Erleichterung und Bestätigung zu erfahren.

Hast du es zugelassen, daß die Stacheln anderer Menschen in Form von unfreundlichen Worten oder unüberlegten Handlungen dich getroffen haben? Wenn das so ist, lerne, dich diesen Menschen mit ihren Fehlern zu stellen, um deine Wunden zu heilen und die Stacheln entfernen zu können. Vergiß nicht, daß Widrigkeiten deinen Geist stärken.

Für Indianer ist die Medizin des Stachelschweins Vertrauen und Unschuld. Wenn es bedroht wird, richtet es seine spitzen Borsten auf – jedoch nur zur Verteidigung, nicht zum Angriff.

KUGUAR

Kraft. Bestimmtheit. Führung.

Dieses bemalte Schild zeigt, wie ein Kuguar losrennt, während ein Adler hinter ihm landet. Die untergehende Sonne läßt sein Fell golden erscheinen, die ersten Sterne werden sichtbar. Die Kraft des Kuguars ist am stärksten im Morgengrauen, wenn die Sonne aufgeht, und in der Abenddämmerung, bei Sonnenuntergang. Das Schild wurde von einem Oglala-Sioux hergestellt und besteht aus ungegerbtem Leder, das über einen Rahmen gespannt und dann bemalt wurde. Hier auf dem Bild liegt das Schild zwischen Nadelhölzern in einem gebirgigen, schneebedeckten Gebiet.

Wilder Kuguar, entferne dich von den Herden
Du verwandelst sicheres Leben, daß es kein Festhalten mehr gibt.
Führer, geboren mit Kraft im Herzen
Stehst du abseits mit Stolz

Der Kuguar wird oft auch Puma oder Berglöwe genannt. Ein ausgewachsenes Tier kann bis zu 80 Kilogramm wiegen und hat ein kurzes, goldenes Fell. Kuguare leben in Berggebieten und lieben es, sich auf Ästen auszuruhen. Schau dir dieses Weibchen an – aber vorsichtig! Ihre Jungen sind bei ihr, und sie verteidigt diese mit ihrem Leben. Sie ist bekannt dafür, daß sie bis zum Tod gegen einen Grizzlybären kämpft, der zu dicht an ihre Höhle kommt. Kuguare töten entweder mit ihren Zähnen oder ihren Pfoten und können riesige Sprünge machen.

Dieses Weibchen versorgt ihre Jungen etwa ein Jahr lang. Sind sie noch sehr jung, bringt sie ihnen frisches Fleisch. Wenn sie älter werden, überläßt sie ihnen die lebendige Beute, damit ihre Jungen diese selbst töten. Das weckt ihren Jagdinstinkt, den sie für ihr Überleben entwickeln müssen.

Als Jäger ist der Kuguar für seinen Pirschgang bekannt. Er erbeutet verschiedene Tierarten. Das können Wesen so groß wie ein Elch oder so klein wie eine Feldmaus sein, sein Lieblingstier ist jedoch der Hirsch. Kuguare verteidigen ihr Revier bis aufs äußerste und greifen Menschen an, wenn sich diese in ihrem Revier befinden.

Für uns ist der Kuguar stark und mächtig. Er bewegt sich ganz leise und leichtfüßig. Seine Medizin beinhaltet Qualitäten der Führung, der Schläue und der Bestimmtheit und zeigt uns, ob wir mit unserer Umgebung im Gleichgewicht sind. Der Kuguar ist ausweichend, so daß wir seine Anwesenheit erst bemerken, wenn es »zu spät« ist. Wenn er sein Revier verteidigt, wird er zwar zur reißenden Bestie, aber sonst kämpft er nur zum Überleben.

DIE BOTSCHAFT DES KUGUARS

Laß den grimmigen Blick des Kuguars dich an die Kraft der Führung und des Überlebens erinnern, und bringe diese Eigenschaften deinen Kindern bei. Rufe seine Kraft an, um die Qualitäten zu erhalten, die du brauchst und um deine persönlichen Glaubenssysteme über dich selbst zu berichten. Entwickle Führungsqualitäten wie Ehrlichkeit, und setze deine Kraft und Energie zur richtigen Zeit ein. Du mußt möglicherweise einen großen Sprung in etwas ganz Neues wagen.

Die umgekehrt liegende Karte des Kuguars zeigt dir, daß du deine eigenen Ansichten übermäßig verteidigst und dadurch einen größeren Konflikt auslösen könntest. Oder du solltest dir deine mangelnde Verpflichtung jüngeren Menschen gegenüber anschauen. Vielleicht bist du ein Tyrann geworden? Denke daran, daß wahre Macht auch sanft sein kann.

Wie ist deine körperliche Verfassung? Ein guter Anführer und starker Jäger muß eine gute Kondition haben. Nehme nahrhaftes Essen zu dir, mache Übungen für deine körperliche Flexibilität und Kraft, schärfe deine Begabung, dich heranzupirschen, und sei dir deiner Umgebung bewußt.

Ist der Kuguar in dein Leben getreten, will er dir vor allem die Lehre der Macht vermitteln. Verstehst du erst, daß Macht nicht dazu benutzt wird, andere zu unterdrücken oder zu etwas zu zwingen, sondern vielmehr, um dir selbst Stärke zu geben, dann kannst du die Energie des Kuguars nutzen, um deine Schwächen und Fehler »aufzufressen«. Vergiß nicht, daß ein wahrer Herrscher die Meisterschaft über sich selbst, seine Gedanken und Empfindungen, erlangt hat.

Der Kuguar ist sehr wachsam. Normalerweise ist er für Menschen nicht gefährlich, es sei denn, er wird von ihnen erschreckt oder ist ungewöhnlich hungrig.

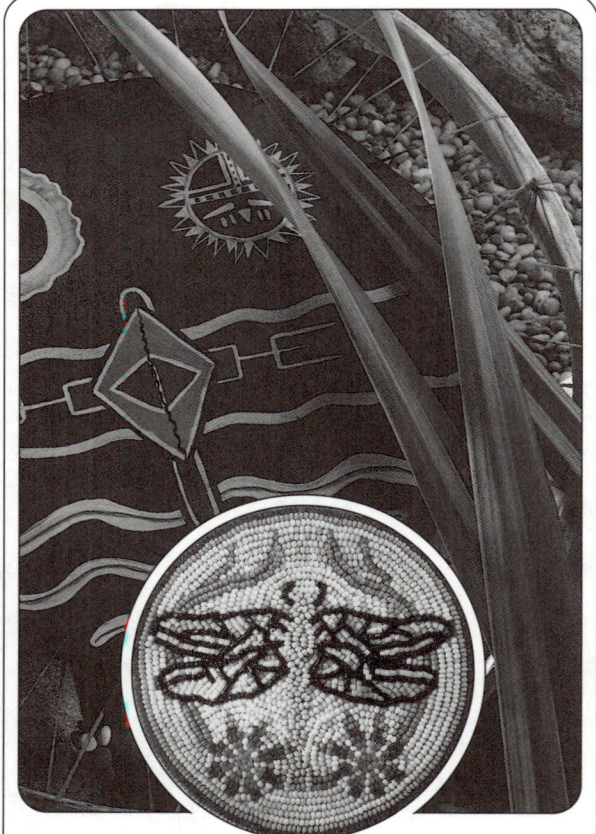

LIBELLE

*Geheimnis. Illusion.
Selbsttäuschung.*

Das hier am Flußufer liegende Schild ist ein modernes. Die Haut, die ein Muster zeigt, ist in einem Ring festgeschnürt, anstatt um ihn herum gewickelt. Dies weist darauf hin, daß das Schild eher für zeremonielle Anlässe denn als Schutz im Kriegsfall verwendet wird. Die Libelle, links von der Mitte, schwebt zwischen Luft und Wasser, während sie mit den Elementen tanzt. Sie symbolisiert das Gleichgewicht zwischen Licht und Dunkel. Die geschlängelten Linien stehen für das Wasser, die darüberliegende Sonnenscheibe symbolisiert die Morgenröte, und der teilweise verdeckte Mond zur Linken zeigt die Abenddämmerung an. Zu diesen Zeiten fliegt und jagt die Libelle.

*Natur der Libelle
Sich dem Wachstum anzupassen
Alles zu erkennen
Lernen zu verstehen*

Die Libelle ist für Menschen harmlos, aber für Insekten gefährlich. Wie eine Nymphe lebt sie auf dem Grund von Bächen und Teichen und frißt Insektenlarven. Wenn sie sich zur Erwachsenen wandelt, zeigt sie erstaunliche Flugkünste und fängt Insekten im Fluge. Beobachte diese hier: Ihre schillernden Flügel spiegeln die Regenbogenfarben wider, während sie zwischen Sonnenlicht und Schatten hin und her fliegt und dabei ein Netz der Illusionen schafft, dem wir mit unseren Augen nicht folgen können.

Unser Volk weiß, daß die Libelle einen kraftvollen Zauber besitzt: Sie kann die Form verändern und mit Raum und Zeit spielen, während sie sich zwischen Luftströmen und Lichtfäden windet. Die Muster, die von der Libelle durch ihren Tanz mit dem Geist der Elemente Erde, Luft, Feuer und Wasser geflochten werden, bringen uns das Wissen und die Weisheit dieser Wesen nahe. Sie lassen uns die Dinge anders wahrnehmen – ob es nun ein einziger Regenbogen-Tautropfen, der Duft der ersten Schneeglöckchen oder das Lied der segelnden Lärche ist.

Die Libelle verbindet uns mit dem Zauber und dem Geheimnis des Lebens und erinnert uns gleichzeitig daran, mit den Füßen auf der Erde zu bleiben. Wir müssen darauf achten, wann jemand die Kraft der Libelle dazu benutzt, uns in ein Netz der Illusionen zu verstricken, damit wir seinen Zwecken dienen. Oder wir empfinden das tägliche Leben so eintönig, daß wir uns in die Welt der Träume flüchten.

DIE BOTSCHAFT DER LIBELLE

Wenn die Libelle in deinem Blickfeld erscheint, will sie dich ermuntern, den Zauber des Moments wahrzunehmen. Da Zeit vergänglich ist, mache das Beste daraus. Sie fordert dich auch auf, der Veränderung gegenüber offen zu sein, besonders dann, wenn es darum geht, zu dem zu werden, der du wirklich bist, und nicht zu dem, wovon du denkst, daß du es seist. Bist du zu stur oder eingefahren? Frage die Libelle danach, wie und wann du eine Veränderung bewirken kannst. Sie erinnert dich daran, deine Begabungen zu vertiefen und den materiellen Wohlstand zu verbessern, dabei aber den kleinen Naturgeistern, die alles zum Blühen und Gedeihen bringen, zu danken.

Die umgekehrt herum liegende Karte der Libelle deutet an, daß du ein Gefangener der Illusionen geworden bist, die durch Pläne und Ideen anderer Menschen entstanden sind. In diesem Fall hast du deine eigene Macht abgegeben. Oder blockiert deine Selbsttäuschung ein klares Erkennen deiner tatsächlichen Beweggründe und Gefühle? Diese Selbsttäuschung verhindert auch, daß andere deine wahren Qualitäten erkennen. Oftmals ist ihnen allerdings mehr als bewußt, was du gerade zu verstecken suchst.

Auf jeden Fall ist es Zeit, das Tagträumen hinter dir zu lassen. Beginne nochmals mit dem Zauber des Lebens. Erschaffe es dir so, wie du es haben möchtest, in Harmonie mit der ganzen Schöpfung. So, wie die Libelle mit dem Licht tanzt, will sie uns daran erinnern, daß auch wir reines Licht und Energie sind und einen hellen, farbenfrohen und schönen Tanz aus unserem Leben machen können. Sei nicht so erdgebunden, sondern flieg davon.

Die Libelle zaubert, wenn sie zwischen Wasser und Luft hin- und hertanzt und uns daran erinnern will, einen Ausgleich zwischen dem geistigen Element, der Luft, und dem emotionalen Element, dem Wasser, zu schaffen.

HUND

Intelligenz. Treue. Freundschaft.

Der freundliche Hund würde gerne spielen, er ist jedoch genauso willig zu arbeiten und ist schon seit jeher ein treuer Freund der Menschen. Er zieht den voll beladenen Transportschlitten der Familie meilenweit, bevor er im neuen Lager neben dem Feuer herabsinkt. Die hölzernen Stangen sind an einem Geschirr festgebunden, das vom Hund gezogen wird. Die Habe wird auf einer geräumigen Unterlage sicher befestigt. Schwerfälliges Gut wurde auf größeren Pferde-Transportschlitten befördert. Das Rad blieb den Indianerstämmen Amerikas bis zum Erscheinen der Weißen unbekannt.

*Liebe und Obhut
Des Menschen bester Freund
An seiner Seite
Treu bis zum Schluß*

Es liegt sehr weit in der Geschichte zurück, daß der Hund sich entschied, dem Menschen als Haustier Freund und Diener zu sein. Überall auf der Welt ist er Spürhund, Jagdhund, Wachhund, Lastentier und Freund. Gestalt, Größe und Temperament des Hundes haben sich an das jeweilige Klima und die Bedürfnisse seiner Besitzer angepaßt. Sein Spür- und Gehörsinn ist sehr fein. Im tiefsten Inneren eines jeden Hundes ist noch ein wenig Wildheit vorhanden, obwohl längst nicht so wie beim Wolf. Hunde sind der Meute und der Gemeinschaft treu, arbeiten gut innerhalb einer Gruppe, jedoch gilt ihre größte Treue einer einzigen Person.

In einigen Traditionen ist der Hund der Wächter von alten Schätzen und Geheimnissen. Aber für uns Indianer sind Hunde Soldaten, die unsere Wigwams vor Überraschungsangriffen schützen. Beim Aufbruch zu anderen Lagern wurde der Travois, unser Transportschlitten, bestehend aus zwei langen Stangen, an denen man die Haushaltswaren befestigte, von Hunden gezogen. Viele Stämme hatten junge Krieger, die »Soldatenhunde« genannt wurden und die den Umkreis des Dorfes schützten.

Die Verbindung zwischen Mensch und Hund ist vielleicht die tiefste, die wir zu einem Angehörigen aus dem Tierreich haben können; und wir alle kennen Menschen, die ihren Hunden immer ähnlicher sehen. Die meisten Hunde sind sehr intelligent und haben die Eigenschaft, zu lernen und sich anzupassen. Diejenigen Hunde, die ihr Leben dem Führen von blinden Menschen widmen, weisen eine Geduld, eine Sanftmut und ein Einfühlungsvermögen auf, die dem Menschen eine Lehre sein können. Auch wenn Hunde schlecht behandelt werden, bleiben sie trotzdem ergeben und treu.

DIE BOTSCHAFT DES HUNDES

Kommt der Hund dir entgegengesprungen, will er dich aufmerksam machen auf die Treue und Unterstützung, die du deiner Familie oder deinen Freunden schuldest. Oder du bist derjenige, der jetzt Hilfe braucht. Hast du dich einer Situation ausgesetzt, in der du verletzbar oder ungeschützt bist? Sei wachsam und bitte um Unterstützung von denjenigen, die deine Interessen vertreten. Der Hund will andeuten, daß es oft besser ist zusammenzuhalten, als den einsamen Wolf zu spielen.

Erscheint die Karte des Hundes umgekehrt, fragt er dich, ob du unzuverlässig und unglaubwürdig geworden bist: So wirst du sicherlich Freunde verlieren. Betrachte sie nicht als selbstverständlich, denn ihre Treue will verdient werden. Eine andere Möglichkeit wäre, daß du etwas von diesem wilden Wolfsgeist, der im Hund schlummert, verloren hast und somit deine Freiheit zu wählen und deine Spontaneität abgegeben hast. Du bist zu faul oder zu abhängig geworden. Willst du die Unterstützung anderer umsonst in Anspruch nehmen? Oder erwartest du von anderen, daß sie deine Taten anerkennen und dich in deinem Selbstwert bestätigen?

Der Hund will dich auch vor möglichen Gefahren in deiner unmittelbaren Umgebung warnen. Benutze seine Wachsamkeit und seinen Spürsinn, um diese Gefahren aufzudecken.

Der Ute-Krieger in seiner typischen Kleidung sitzt hier mit seinem treuen Hund, der sowohl Wachhund des Lagers als auch Jagdhund sein kann. Viele Indianer-Familien halten sich immer noch einen Hund als Wächter.

STUFE DES LEHRLINGS

DELPHIN

*Verständigung.
Aufmerksamkeit. Harmonie.*

Hier wird der Delphin gezeigt, wie er aus den Wellen hochspringt. Die Wassertropfen, die er abschüttelt, bilden einen Regenbogen, der in der zur Rechten abgebildeten Abalone farbenprächtig widergespiegelt wird. Oberhalb davon liegt eine Rassel auf Kieselsteinen am Meer. Sie stammt von einem Tänzer, der sie normalerweise am Fuß oder am Knie trägt. Sie ist aus Jakobsmuscheln von dem Volk der Makan hergestellt, einem Fischerstamm von Neah Bay an der Nordwestküste Nordamerikas. Sie lebten einst von Fisch, Schalentieren, Beeren und Wurzeln. Der Klang der Rassel erinnert uns an eine der Gaben des Delphins – die Lehre von Rhythmus und Klang.

*Hilfsbereiter Delphin
In der Tiefe des Meeres
Wahrhaftig und ausgeglichen
So ist er geboren*

Der Delphin ist das Lebewesen des Meeres, das gerne mit Menschen in Beziehung tritt. Diejenigen, die mit Delphinen schwimmen, erleben tiefe Gefühle der Zuneigung. Da Delphine in Herden von bis zu 100 Delphinen leben, geht ihre Aufmerksamkeit füreinander so weit, daß es unter ihnen »Hebammen« gibt, die eine gebärende Mutter umgeben und unterstützen. Auch um ihre Kranken sorgen sich die Delphine, indem sie sie zur Wasseroberfläche begleiten, wenn diese Luft benötigen. Für ihre Nahrungssuche setzen sie Ultraschallschwingungen ein. Sie verständigen sich untereinander durch Schnalzen, Pfeifen, Grunzen und Körpersprache, wobei jeder Delphin seinen individuellen Pfiff hat.

Delphine können ihren Atem über eine lange Zeit anhalten. Die Indianer sagen, daß die wichtigste Medizin der Delphine die des Atems ist, des Atems des Geistes und des Lebens. Die Delphine zeigen uns, wie wir Lebenskraft einatmen und damit jede Zelle beleben können. Über den Atem wird Bewußtsein und Heilung erlangt. Wir können beim Einatmen die heilende Energie in den Körperteil schicken, der gerade schwach ist, und beim Ausatmen unser System reinigen und negative Gefühle loslassen.

Rhythmisches Atmen ist die beste Methode, um in die Meditation und in andere Ebenen, wie z.B. in die Traumzeit, zu kommen. Die Traumzeit erinnert uns an die uralten Weisheiten und die Geheimnisse der großen Meere. Wir waren einst ein Teil dieser Meere und können mit Hilfe des Delphinzaubers wieder zu diesen tiefen, unbewußten Gebieten zurückkehren.

Delphine lehren auch Rhythmus und Klang. Ihre Muttersprache besteht aus Klangmustern, wie sie auch unserer Verständigung zugrunde liegen. Der Delphin ist der Bote aus der Traumzeit und verständigt sich mit uns auf tiefster Ebene.

DIE BOTSCHAFT DES DELPHINS

Der Delphin teilt dir mit, daß du mittlerweile weißt, wie du dein Leben im Einklang mit den natürlichen Gezeiten und im Fluß der Ereignisse leben kannst. Du bist in der Lage, dich der Ebbe und Flut des Lebensmeeres hinzugeben, in Harmonie mit allem. Du hörst deiner Umgebung richtig zu und verstehst ihre subtilen Botschaften. Der Delphin bestätigt deine Fähigkeit, ein offenes Herz zu haben und deine Mitmenschen zu akzeptieren. Die Lebenskraft des Großen Geistes fließt durch dich hindurch; denke also daran, dich durch die Traumzeit mit der Weisheit zu verbinden.

Erscheint die Karte des Delphins umgekehrt herum, hast du womöglich vergessen, zu atmen, zu fließen, und damit Streß und Spannung erzeugt. Schränkst du dein Atmen ein? Laß los, und atme tief durch. Hast du deine Verbindung zum Großen Geist vergessen? Fühlst du dich von allem abgeschnitten? Mach es wie der Delphin, atme dich zurück in das Verbundensein, die Freude und das Leben.

Die Delphine schwimmen zu mehreren, um sich gegenseitig zu unterstützen. Für die Indianer sind die Gaben der Delphine der Atem, der Klang und das Fließen des Wassers – des Elements allen Lebens.

SCHILDKRÖTE

Realismus. Beständigkeit. Schutz.

Viele Schöpfungsgeschichten der Indianer erzählen davon, wie die Schildkröte aus dem Wasser kam, um eine Bühne für die neu erschaffene Erde zu bilden. Daher ist sie auf vollkommene Art mit Wasser und Erde verbunden. Der ganze amerikanische Kontinent wird auch »Turtle Island« genannt. Die hier abgebildete Schildkrötenrassel verbindet Erde mit Wasser: Sie liegt dicht am Meer, daneben einige Schildkröteneier, halb vergraben im Sand. Der Griff ist mit dem Fell eines Fuchses verziert. Auch er weiß, wie man sowohl die Erde als auch das Wasser benutzt: die Erde zum Bauen und das Wasser zum Durchqueren, um seine Feinde abzuhängen.

Bringe das große Opfer
Unsere Geburt beobachtend
Heilige Lieder singend
Hüter der Erde

Die hier gemeinte Schildkröte ist hauptsächlich ein Wassertier und nicht zu verwechseln mit der Landschildkröte. Die Indianer sagen, daß die Schildkröte das älteste Symbol für Mutter Erde ist. Die Schildkröte trägt die ganze Erde auf ihrem Rücken, deshalb werden Nord- und Südamerika auch Turtle Island genannt. Einige Schildkröten werden sehr groß und sehr alt. Sie kommen Jahr um Jahr zum gleichen Strand, um ihre Eier in den warmen Sand zu legen.

Die Schildkröte wird als große Hüterin der Erde erachtet, und sie bringt ein großes Opfer, indem sie uns auf ihrem Rücken leben läßt.

Indianer stellen Rasseln aus dem Panzer der Schildkröten her, da sie die Kraft des heiligen Gesangs in ihrem Panzer tragen. Einige Medizinmänner tragen große Panzer zu ihrem Schutz, um ihren Rücken während einer Zeremonie oder einer Heilung von negativen Energien frei zu halten.

Bitte um den Schutz der Schildkröte, wenn du dich angegriffen fühlst. Stärke deinen persönlichen Panzer, oder ziehe dich für eine Weile darunter zurück.

Die Heimat der Schildkröte ist sowohl das Wasser als auch das Land. Auch wir können lernen, ausgeglichen zwischen beiden hin- und herzufließen. Die Erde lehrt uns, geerdet und stabil zu sein, praktisch zu denken und uns genügend Zeit zu geben, um eine gute Basis für unsere Projekte zu schaffen und den richtigen Zeitpunkt zum Handeln abzuwarten. Das Wasser lehrt uns, mit dem Fluß zu gehen und eine Leichtigkeit in Gedanken, im Körper und in unseren Gefühlen zuzulassen.

DIE BOTSCHAFT DER SCHILDKRÖTE

Die Medizin der Schildkröte verbindet uns zutiefst mit Mutter Erde und unserem eigenen inneren Wissen. Sie erinnert uns daran, der Mutter Erde für ihre Fülle, die sie uns täglich schenkt, dankbar zu sein. Rufe die Schildkröte an, wann immer du dich abgehoben oder nicht geerdet fühlst. Die Karte der Schildkröte zeigt dir, daß du deinem physischen Körper, der Erde deines Wesens, zuhörst und ihn achtest. Du hast gelernt, dein Tempo zu finden, und ein intuitives Wissen über den »richtigen Zeitpunkt« entwickelt.

Erscheint die Karte umgekehrt herum, hast du eventuell anderen erlaubt, dich zu beunruhigen und unter deinen Panzer zu dringen. Vergiß nicht, daß du ein geliebtes Kind von Mutter Erde bist und Respekt verdienst. Hast du dich durch übereilte Ideen zu vorzeitigem Handeln drängen lassen? Wenn ja, dann werde ruhiger, und setze deinen Instinkt ein, um den Weg zu finden. Erleidest du irgendeinen Mangel, dann frage dich, ob du die Gaben von Mutter Erde als selbstverständlich hingenommen hast. Bedanke dich für das, was du schon hast. Hast du das Wasserelement nicht berücksichtigt und dadurch den Fluß des Gebens und Nehmens unterbrochen? Rufe die Schildkröte an, um dein Gleichgewicht wiederherzustellen.

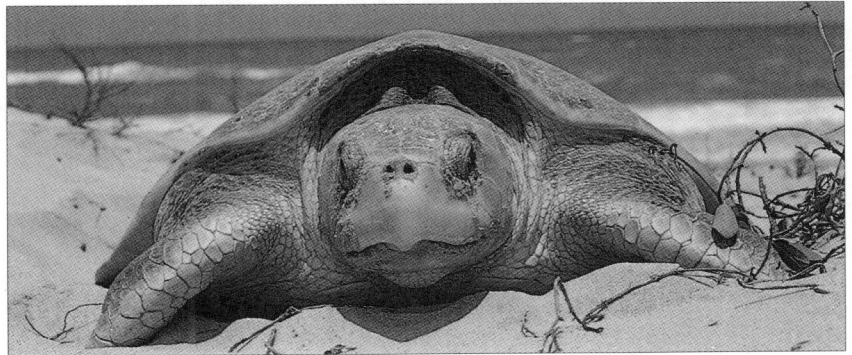

Eine atlantische Wasserschildkröte ruht sich im warmen Sand aus. Schildkröten erinnern uns daran, uns zu erden und mit Mutter Erde zu verbinden.

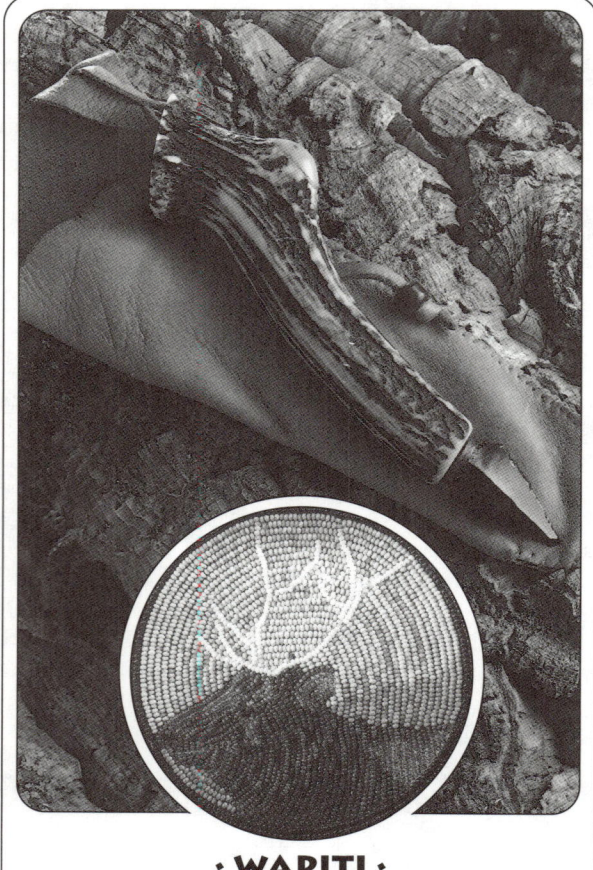

WAPITI

Selbstachtung. Stärke. Traumbringer.

Der stolze Wapiti zeigt sein Geweih, und im Hintergrund ist ein spezielles Zeremonienmesser auf einem Hirschlederbeutel abgebildet. Der Griff ist aus Wapiti-Horn und die Klinge aus Obsidian. Ursprünglich wäre sie zu einer Pfeilspitze geschnitzt worden. Der Obsidian wird als heiliger Gegenstand in Zeremonien benutzt, wo immer man ihn findet. Die schönsten Funde stammen von den Inkas und den Mayas. Der eingelegte Türkis bringt Schutz. Das abgebildete Messer gehört Wa-Na-Nee-Che und wird dazu verwendet, negative Energie aufzulösen oder einen »bösen Geist« aus einem Körper bei »psychischen Operationen« zu entfernen.

Das Geheimnis seiner Würde
Er steht erhaben
Voller Stolz
Wapiti wird nicht versagen

Die Indianer sagen, daß Wapitis Unruhe unter ihren Feinden stiften. Sie wissen, wie sie mit ihrer Umgebung verschmelzen und unsichtbar werden können. Sie sind stolze und majestätische Tiere mit unglaublichem Durchhaltevermögen. Sie haben fein entwickelte Sinne und benutzen ihre Stärke und ihren Widerstand, um sich aus Gefahr zu befreien. Wapitis kämpfen, wenn es nötig ist, und sind eine Herausforderung für jedes Tier, sogar für den Bären.

Während der Paarungszeit können die Männchen sehr aggressiv werden, wenn sie um die Kühe kämpfen. Sonst leben sie mit ihren Artgenossen in Harmonie.

Wapitis haben immer die Führung, und dieses lassen sie dich auch wissen. Die Medizin des Wapiti kann dir also helfen, wenn du schüchtern oder unsicher bist. Wenn du einen überzeugenden Eindruck machen mußt, rufe den Wapiti an, um mehr Selbstachtung zu bekommen. Er gibt dir das Vertrauen, daß es sich lohnt, für eine Sache zu kämpfen, die wertvoll ist.

Der Wapiti fordert dich auf, mit Selbstbewußtsein und Stärke zu handeln. Er will dir auch raten, nicht nur egoistische Motive zu verfolgen. Du solltest dich vielleicht körperlich in Form bringen, denn keiner kann mit einem schweren, vergifteten Körper ganz lebendig sein. Er lehrt dich auch, dein eigenes Tempo zu finden. Du kommst dann möglicherweise nicht als erster an, aber du bist nicht erschöpft.

Teile der Wapitis werden als Aphrodisiaka benutzt. Teile ihres Fells dienen der Verzierung von medizinischen Gegenständen, und für einige Stämme bringen Wapitis Träume und Visionen. Deshalb kannst du den Wapiti bitten, dir dabei zu helfen, deine Träume in die Wirklichkeit umzusetzen, insbesondere dann, wenn dir bisher das Selbstvertrauen dazu gefehlt hat – und dies besonders in bezug auf das andere Geschlecht.

DIE BOTSCHAFT DES WAPITI

Ist der Wapiti voll Stolz in dein Leben getreten, bringt er dir vielleicht die Medizin der Liebe: die Fähigkeit zu lieben, dich um dich selbst und andere zu sorgen und Unterstützung von deinen Geschlechtsgenossen zu erfahren. Du hast die Gabe, schnell Freundschaften zu schließen, aber du mußt deine Freunde ehren. Wenn es um deine Gegner geht, zeigt er dir, wann du dich verstecken oder davonlaufen oder dich stellen und kämpfen solltest.

Erscheint der Wapiti umgekehrt, ist die Frage, ob du dich absonderst aus Mangel an Selbstbewußtsein. Du brauchst Unterstützung von Freunden deines Geschlechts. Vielleicht kämpfst du mit Neid oder Eifersucht, oder du sendest die falschen Botschaften aus und ziehst dabei zu viele Partner an. Der Wapiti will dich auffordern, deine sexuelle Energie besonnen einzusetzen. Es ist vielleicht Zeit, dich auf einen Partner zu konzentrieren – auch Flirten lohnt sich nicht.

Fühlst du dich erschöpft oder träge, fordert dich der Wapiti auf, bewußter mit deiner Energie umzugehen. Höre auf, loszustürmen oder sinnlose Kämpfe zu führen. Gehe hinaus in die Natur, tanke auf.

Hast du wenig Energie, rät der Wapiti dir, mehr Früchte und Gemüse zu essen.

Der Wapiti ist ein schneller Läufer und bringt Kraft und Durchhaltevermögen. Wenn du im Streß bist, versuche es mit vegetarischer Kost, um deine Energie zu erneuern, wie der Wapiti.

·WAL·

WAL

*Sanftheit. Intelligenz.
Intuitives Wissen.*

Der Wal erinnert uns an das Auf und Ab des Lebens und daran, daß die Zeit vergeht. Der hier abgebildete Walknochen wurde von den großen Meeresfluten angeschwemmt und liegt nun an einem sandigen Strand. Ein Indianer, der um die Gaben des Wals weiß, hat in diese symbolische Harpunenspitze ein Medizinrad eingeschnitzt, um ihre Kraft zu erhöhen.

*Wal, lehre mich das Lied deines Lockrufes
Weisheit des Alters, ein Leben so lang
Vernimm seinen sanften Ruf
Hör gut zu – auch du kannst ihn lernen*

Wale gehören zu den größten Lebewesen auf unserem Planeten. Viele von ihnen haben eine Länge bis zu 40 Metern und wiegen an die 130 Tonnen. Sie verständigen sich über ihren Gesang, der aus wunderschönen, schwermütigen Tönen besteht und aus über 1600 Kilometern Entfernung gehört werden kann. Die Indianer glauben, daß der Wal von den ersten Wesen auf diesem Planeten, einer erleuchteten Rasse, die von den Plejaden abstammt, zu Mutter Erde gebracht wurde, um ihre gesamte Geschichte aufzuzeichnen und zu hüten. Unsere Stammeslegenden erzählen davon, daß sich der Wal einst über die Erde bewegte, dann aber ins Meer ging, als die Erde ihre Achse verschob. Wir sind davon überzeugt, daß die Wale, die die Schwingungen und Bewegungen von Mutter Erde zutiefst wahrnehmen können, uns vor dem nächsten großen Umbruch auf Erden warnen werden.

Wale sind friedliebende Tiere und versuchen, Konflikte bewußt zu vermeiden. Sie sind sanft und intelligent und erlauben dem Menschen, ohne Gefahr zwischen ihnen zu schwimmen, als ob sie wüßten, daß der Mensch im Vergleich zu ihrer massigen Gestalt klein und zerbrechlich ist. Sie gehen außerordentlich vorsichtig mit Menschen um. Wir sagen, daß Wale eine übersinnliche Wahrnehmung haben, hellhörig sind und Schwingungen von vielen anderen Himmelskörpern aufnehmen können. Wie Wale haben einst auch Menschen über Schwingungen, Energiemuster und Telepathie miteinander kommuniziert. Der Einsatz von Klang als Sprache hat sich aus diesen Schwingungsmustern entwickelt.

DIE BOTSCHAFT DES WALS

Begegnet dir der Wal, bitte ihn, dich mit der Vergangenheit deiner Seele, mit deinem eigenen Buch des Lebens zu verbinden. Uraltes Wissen ist in deinem Zellgedächtnis gespeichert. Es ist jetzt Zeit zu lernen, wer du wirklich bist und welchen Lebensweg du zum Dienen vor vielen Aeonen ausgewählt hast. Erlaube dem Gesang des Wals, dich mit allen anderen Lebensformen zu verbinden. Lerne mit deinem Herzen, deinem Geist und deinem inneren Ohr, ihre feinen Botschaften zu empfangen. Denke daran, daß wir uns über die Medizin des Wals mit der kosmischen Energie des Schöpfers kurzschließen und dadurch erfahren können, wie Klang und Schwingungen unseren Geist, unseren Körper und unsere Gefühle wieder ins Lot bringen.

Höre auf deine eigene Stimme, und lerne, danach zu handeln. Singen kann außerordentlich heilsam sein. Die Gaben des Wals sind Frieden und Heilung deiner Gefühle.

Erscheint die Karte des Wals umgekehrt herum, will sie dir sagen, daß du deinem inneren Wissen nicht traust. Hast du die Verbindung mit dem Auf und Ab des Lebens, mit anderen Lebewesen und dem Schöpfer verloren? Du wirst dich nicht mehr einsam fühlen, wenn du diese Verbindung aufrecht erhältst: Du spürst dann die Liebe und Unterstützung, die dich mit »all deinen Verwandten« zusammenbringt.

Der Wal steht auch für Einfallsreichtum, aber nicht nur in Form einer Idee oder eines Traums, sondern als Fähigkeit zum Ausdruck.

Das Inuit-Volk hat eine besondere Beziehung zum Wal: Er gibt ihnen alles im Leben und ist das prächtigste aller Geschöpfe, die der Große Geist hat entstehen lassen.

ELCH

*Autorität. Männlichkeit.
Unberechenbarkeit.*

Der Elch kündigt seine Anwesenheit mit einem mächtigen Brüllen an, und sein prachtvolles Geweih läßt seine Autorität erkennen. Dieser Pfeifenstopfer aus Elchhorn liegt auf Moos in der Nähe eines Bachs. Moos gehört zur Lieblingsnahrung des Elchs. Der Stopfer wird dazu verwendet, den Tabak in die Friedenspfeife zu stopfen, wenn diese zu zeremoniellen Anlässen geraucht wird. Der hier abgebildete Stopfer ist alt und durch ständigen Gebrauch dunkel und glänzend geworden. Er unterstützt die Schönheit und Kraft einer Pfeifenzeremonie durch seine Ausgeglichenheit und Ursprünglichkeit.

*Unablässiges Handeln
Eigener Kopf
Spontane Energie
Lassen ihn erkennen*

Bewege dich leise, schau durch die Bäume dort: Da steht ein mächtiger Elchbulle mit einer Krone aus massivem Horn, die ihm einen Hauch von Autorität und Weisheit verleiht. Elche sind sehr stark, und für uns Indianer stellen sie die Essenz der männlichen Energie und den Stolz dar. Elche bevorzugen die Waldgebiete im Norden der Vereinigten Staaten und Kanadas und ernähren sich vom Pflanzenreich – Birke, Fichte, Erle, Weide, Gras und Moos. Dies verbindet sie mit der Erdenergie.

Die Anwesenheit eines Elches ist nicht zu überhören. Sein Gebrüll kann man fünf Kilometer weit hören. Er beansprucht sein Revier in einer scheinbar arroganten Art und Weise, mit voller Überzeugung. Hört eine Elchkuh seinen Ruf und antwortet, stürmt er los, um sie zu finden. Komm ihm nicht in die Quere, denn er rennt alles nieder, was ihm im Weg steht.

Abgesehen von seinem Stolz und seiner Männlichkeit ist der Elch auch vollkommen unberechenbar. Ein Jäger weiß nie genau, was ein Elch als nächstes vorhat. Er kann ihn entweder ignorieren und weggehen, ohne ihm Schwierigkeiten zu bereiten; er kann sogar freundlich erscheinen, im nächsten Moment jedoch greift er den Jäger an. Der Elch kann sehr geduldig und zielstrebig sein. Er hat seine Opfer gerne unter Kontrolle: Menschen sind vor ihm schon auf Bäume geflüchtet, wo er sie dann stundenlang festhält, bevor er sich schließlich entfernt und sie herabklettern läßt.

Wir Indianer halten den Elch für einen großen Krieger. Mit dem Alter scheint er jedoch weiser und weniger aggressiv zu werden und teilt dann seine Weisheit mit den jüngeren Bullen.

DIE BOTSCHAFT DES ELCHS

Kommt der Elch in dein Leben, will er dich ermuntern, angemessenen Stolz für deine Leistungen zu empfinden. Wir müssen uns alle selbst achten und unseren Selbstwert aufbauen. Du hast an dir gearbeitet und Entschlossenheit und Geduld entwickelt – die Eigenschaften eines spirituellen Kriegers. Lege deine Hemmungen ab, und hab den Mut, für dich selbst einzutreten.

Die umgekehrt liegende Elch-Karte fragt dich, ob du dich durch irgendeine Situation eingeengt fühlst. Benutze die Entschlossenheit des Elchs, um dich zu befreien und deine Rechte zu beanspruchen. Vielleicht hast du dein Ziel im Leben verloren und bist dadurch rücksichtslos und unberechenbar geworden. Halte inne, kläre deine Motive und Ziele im Leben, und fälle dann die Entscheidung. Unabhängig davon, ob du Mann oder Frau bist, untersuche deine Vorstellungen über männliche Energie und betrachte sie als eine sehr kreative und ausgleichende Kraft.

Der Elch ist in der Lage, sich vom Grund der Seen Algen als Nahrung zu besorgen. Für Indianer symbolisiert dies seine Fähigkeit, in die Tiefen des Nichts – des Todes – einzutauchen und wieder zurückzukommen. Der Elch fordert dich womöglich heraus, deiner Angst vor dem Tode ins Auge zu sehen: »Alles, was stirbt, wird wieder auferstehen.«

Der Elch bringt männliche Energie. Er hat eine Vorliebe für das Wasser und taucht oft in tiefe Seen ein, um sich von Wasserpflanzen zu ernähren. Die Micmacs, ein Stamm aus Nova Scotia, glauben, daß »der Elch sich in ein Meerestier zurückentwickeln kann«.

FUCHS

Schnelligkeit. Schlauheit. Bewußtheit.

Dem Auge des Fuchses entgeht nichts, wenn er dich aus seinem Versteck anstarrt; aber du wirst ihn kaum erkennen, wie er, ganz wachsam, in seiner natürlichen Umgebung in schattigen Winkeln unterhalb von Felsen oder hinter moosbedeckten Böschungen lauert. Der hier abgebildete Schlegel einer zeremoniellen Trommel trägt die Energie und das Fell des Fuchses. Der Kopf des Schlegels ist aus Rehleder gemacht, bunte Krähen-Perlen verzieren den Rand. Wenn man ihn benutzt, wird die Medizin des Fuchses angerufen, die einen daran erinnert, aufzuwachen und seine Sinne zu schärfen.

Beweglichkeit, Flinkheit
Leise mit Begabung
Klug ist der Fuchs
Und willensstark

Siehst du dort etwas Rotbraunes aufleuchten? Das ist Freund Fuchs, der durchs Unterholz schleicht. Im allgemeinen hält er sich gerne im Wald oder an Böschungen mit dichten Hecken auf, die ihm Schutz geben. Er bewegt sich schnell und hat scharfe Sinne.

Für uns Indianer enthält die Medizin des Fuchses die Lehre von der Schlauheit und Klugheit, ganz wie der Ausspruch »schlau wie ein Fuchs«. Der Fuchs weiß, wie er seine Umgebung nutzen kann, um sich zu schützen und nicht entdeckt zu werden. Er kann von einem Moment zum nächsten im Wald oder im Unterholz verschwinden. Von dort aus beobachtet er alles, ihm entgeht nichts. Wird er verfolgt, springt er über Mauern und Felsen, durchquert Flüsse schräg und läuft sogar über eine dünne Eisschicht, nur um seine Fährte zu verwischen.

Wir haben den Fuchs genau beobachtet und dabei seine listige Art entdeckt, Flöhe loszuwerden. Er hält einen Zweig im Maul fest und geht langsam in den nächsten Fluß. Während das Wasser langsam an ihm hochsteigt, klettern die Flöhe auf den Zweig. Ist er schließlich vollkommen im Wasser, läßt er den Zweig los, und dieser treibt dann mit seiner Ladung Flöhe den Fluß herunter.

Mutter Fuchs beschützt ihre Jungen mit aller Kraft und lehrt sie das Spielen und Jagen. Da sie alles in ihrer Umgebung aufmerksam wahrnimmt, kann sie schnell Alarm schlagen.

Viele Indianerstämme tragen eine Fuchshaut als Kopfschmuck für zeremonielle Anlässe, die Medizinmänner der Hopi tragen sie bei Heilungsritualen. Füchse haben eine kraftvolle Energie, und wir sprechen auch von Frauen, die fuchsrot sind, d.h. sehr weibliche bzw. erotische Anziehungskraft haben. Auch das rote Fuchsfell symbolisiert diese Kraft.

Die Medizin des Fuchses bringt die Gaben der Schlauheit und Scharfsinnigkeit und die Fähigkeit, sich wie der Wind zu bewegen und einem Ort oder einer Situation mit Leichtigkeit zu entfliehen. Der Fuchs kann sowohl seine Jäger als auch seine Beute überlisten. Befindest du dich in einer Lage, in der es angebracht ist, dich leise zu entfernen, rufe die Medizin des Fuchses an.

DIE BOTSCHAFT DES FUCHSES

Ist der schlaue Fuchs angekommen, sagt er dir, daß du dich zu auffällig verhältst und dadurch die falsche Aufmerksamkeit erregst. Gehe etwas umsichtiger mit dem Leben um. Benutze die Schlauheit und Geschicklichkeit des Fuchses auf eine vorteilhafte Art. Lerne zu beobachten, ohne selbst gesehen zu werden, und setze dann deine Erkenntnis ein, um Herr der Lage zu werden.

Der Fuchs will dich auffordern, keine Angst vor deiner kreativen sexuellen Energie oder deiner instinkthaften weiblichen Seite zu haben.

Erscheint die Fuchs-Karte umgekehrt herum, bist du zu schlau gewesen und läufst Gefahr, dabei entdeckt zu werden. Vielleicht hast du dich selbst blockiert? Oder du bist sehr mit dir selbst beschäftigt und nimmst deine Umgebung nicht mehr wahr. Du hast womöglich eine versteckte Gefahr übersehen. Werde also bewußter! Hast du Freunde oder Familie vernachlässigt? Sie könnten deine Hilfe oder deinen Schutz gebrauchen. Wenn du andere Menschen belästigst, wie Flöhe dies tun, wirst du merken, daß deine Freunde dich fallenlassen.

Medizinmänner der Hopi tragen Fuchshäute bei ihren Heilungszeremonien. Einige Stämme glaubten, daß Frauen sich in Füchse verwandeln könnten. Der Fuchs lehrt Scharfsinnigkeit und Tarnung.

KOJOTE

*Täuschung. Humor.
Überleben.*

Der Kojote scheint einen schalkhaften Blick in seinen Augen zu haben: Er lauert immer darauf, den unaufmerksamen und überheblichen Menschen aufs Glatteis zu führen. Dieses Kojote-Schild hier liegt auf Grasland, die Heimat des Kojoten. Das Schild ist aus Haut gemacht, reich verziert und trägt die Zeichnung eines Kojoten in seiner Mitte. Oberhalb davon kann man seine Spuren erkennen. Auf dem oberen Teil des Schildes liegt ein traditionell gefaltetes rotes Tuch, behangen mit Fasanenfedern und Wolfszähnen. Auf der rechten Seite des Schildes hängt ein Stück Fell des Kojoten. Es ist nicht leicht, Träger der Kojote-Medizin zu sein.

Listiger Gauner
Der Gefahr überlegen
Machen wir uns nichts vor
Auf ewig wahr

Die Indianer ehren den Kojoten als den großen »Witzbold oder Gauner« des Tierreiches. Und das ist auch seine Medizin.

Kojoten können sich an fast jede Umgebung anpassen, sie bevorzugen jedoch offenes Grasland oder dünnes Unterholz. Höre ihre Stimmen! Ein außergewöhnlich hoher heulender Laut, der irgendwo zwischen einem Lachen, einem Heulen und einem Bellen liegt und damit die Verwandschaft zum Hund verrät.

Obwohl der Mensch versucht hat, sie auszurotten, sind Kojoten Überlebenskünstler. Ihre Hinterlist und Gerissenheit haben sie gerettet. Sie paaren sich fürs Leben und schützen ihre eng verbundenen Familienmitglieder, wenn nötig bis aufs Blut.

Viele Stämme erachten den Kojoten als einen heiligen Medizinlehrer, genauso wie der Clown als heilig gilt. Die »Heyoka«(Gauner)-Medizin wird sowohl von einigen Medizinmännern als auch von Freund Kojote vermittelt, ein Zeichen dafür, daß wir Ähnlichkeiten haben. Kojote, der »Große und Dumme« will uns nicht bewußt hereinlegen. Er zeigt uns nur den Spiegel für unsere eigenen menschlichen Eigenschaften, sowohl klug als auch dumm zu sein – oftmals beides zur gleichen Zeit! Manchmal erweist er dir einen guten Dienst, zieht dir aber den Teppich unter den Füßen weg, wenn du dich zu ernst nimmst oder aufspielst.

DIE BOTSCHAFT DES KOJOTEN

Der springende Kojote ruft: Wach auf! Paß auf, finde deinen Humor wieder, wenn du ihn verloren hast. Lache über dich selbst. Du hast in letzter Zeit wahrscheinlich viele lehrreiche Erfahrungen gesammelt. Hast du dir Ärger eingehandelt? Hast du jemandem Sand in die Augen gestreut? Hast du herumgespielt oder versucht, in Dinge einzugreifen, die besser hätten ruhen sollen? Wenn andere versucht haben, dich hereinzulegen, dann benutze die Schlauheit und den Humor des Kojoten, um den Spieß umzudrehen. Denke daran, daß der Kojote immer dann auftaucht, wenn du zu ernst wirst. Er ist dein Spiegel und zeigt dir die Lektionen, die du lernen mußt, um weiter auf dem heiligen Pfad zu gehen. Er unterstützt dich dabei, deine Spontaneität und deine kindliche Neugier auf die Welt zu bewahren.

Erscheint die Karte des Kojoten umgekehrt herum, mag es sein, daß er dich an der Nase herumführt und dich schmerzhafte Lektionen erfahren läßt. Du merkst es erst, wenn es zu spät ist. Hast du gerade ein Unglück überwunden, sei vorsichtig, daß du nicht gleich ins nächste hineinstolperst.

Der Kojote kann auch als Betrüger erscheinen, wenngleich er nach außen hin eine ehrwürdige und angesehene Person darstellt. Nutze die feine Nase des Kojoten, um irgendeinen Betrug oder dunkle Geschäfte, die dir Ärger bereiten könnten, aufzuspüren. Diese Gefahr kann aus jeder Richtung kommen, wahrscheinlich aber von hinten!

Der Kojote bringt uns etwas bei, ob wir wollen oder nicht. Rufe diesen starken Verbündeten an, wenn das Leben schwer und mühsam wird. Nimm weder dich noch das Leben zu ernst, und fasse Mut!

Der Kojote ist ein Gauner, der uns das Gleichgewicht zwischen Weisheit und Dummheit lehrt: Es gibt keinen Platz für Wichtigtuerei in seiner Gegenwart.

STUFE DES LEHRLINGS

LUCHS

Selbständigkeit. Geheimnis. Anpassung.

Der geheimnisvolle Luchs hat sich in dieser schneeweißen Landschaft gut versteckt. Er gilt als der Hüter der Geheimnisse. Hier liegt das Brustgehänge einer Frau, verziert mit einem Luchsschwanz, einer runden Abalone und einigen langen Perlen mit Knochenpfeifen. Der geheimnisvolle Ausdruck dieses Brustgehänges könnte darauf hinweisen, daß es als Teil einer rituellen Aufmachung innerhalb der geheimen Gesellschaften der Frauen verwendet wird; außerdem bietet es seiner Trägerin Schutz.

Verborgene Geheimnisse in sehenden Augen
Was sagst du uns, was verschweigst du uns
Ist es unser durch Ausprobieren Erlerntes
Es liegt an uns, die letzte Hürde zu nehmen

Den Luchs, einen Abkömmling der Familie der Katzen, trifft man überall in Nord- und Südamerika an. Es ist ein Nachttier mit durchdringendem Blick und das geheimnisvollste Tier aus der Katzenfamilie. Luchse sind anpassungsfähig und können sich mehr als alle anderen Katzenarten in jeder Umgebung einrichten. Schau dir diesen an, wie er schwimmt und sich im Wasser abkühlt. Der Luchs verträgt jede Art von Nahrung und frißt alles, was ihm begegnet, wie z.B. Abfall, Läuse, kleine Beute, ob wild oder zahm. Luchse sind anpassungsfähig bis hin zur völligen Unabhängigkeit. Sie bleiben alleine. Sieh dir diesen an, wie er sich davonschleicht.

Wir Indianer sagen vom Luchs, daß er Geheimnisse kennt, aber seine Unabhängigkeit und Unzugänglichkeit erschweren die Verständigung mit ihm. Er wird als hellsichtig betrachtet, ein Hüter von längst vergessenem, mystischem Wissen, ein Bewahrer von Geheimnissen. Die Luchse können sich sowohl durch den Raum als auch durch die Zeit bewegen. Sie können mittels ihres Willens die Grenzen der Zeit überschreiten. Aber es ist nicht leicht, diese Geheimnisse aus dem Luchs hervorzulocken. Während er dir durchdringend in die Augen blickt, zeigt er dir deine Verletzlichkeit und lacht über deine Not. Er offenbart dir Dinge über dich selbst, die du schon vergessen hast, und vermittelt dir Kenntnisse über persönliche Stärke.

Der Luchs führt dich zu verlorenen Schätzen, sowohl materiellen als auch spirituellen. Er kennt keine Grenzen, kann alle Materie durchdringen und jedes Reich erkunden. Um mit dem Luchs über seine Geheimnisse zu verhandeln, mußt du ihm Angebote machen, jedoch nur in seiner traditionellen Weise, die du selbst entdecken mußt.

DIE BOTSCHAFT DES LUCHSES

Schaue tief in die unergründlichen Augen des Luchses: Du entdeckst Schätze, Geschenke, Vermögen. Das kann auch materielle Fülle sein; aber es wird viel eher persönliche Stärke sein, oder es wird sich um Eigenschaften handeln, die noch unentdeckt in dir schlummern. Benutze die visionäre Kraft des Luchses, um sie aufzuspüren.

Der Luchs fordert dich auch auf, deine Selbständigkeit zu finden und deine Fesseln oder Begrenzungen, die du dir selbst geschaffen hast oder die dir auferlegt wurden, zu beseitigen, damit du umherwandern und Entdeckungen machen kannst. Hab den Mut, alleine auf unerforschtem Boden zu gehen.

Erscheint die Karte des Luchses umgekehrt herum, hast du womöglich Geheimnisse verraten oder über Dinge gesprochen, die nicht hätten enthüllt werden sollen. Die Botschaft ist: »Lerne, deine große Klappe zu halten.« Weiterhin will der Luchs dir sagen, daß du deine persönliche Stärke annehmen sollst. Höre auf, dich wie ein Kätzchen in einer Ecke zu verkriechen, wenn du doch in Wirklichkeit einer der größten Pirschjäger auf dieser Erde bist, dessen Beute das Geheimnisvolle, die Kraft und das Wissen sind.

Damit du deine Fähigkeit, Menschen und Situationen zu durchschauen, entwickeln kannst, übe dich in zwei Gaben. Erstens, schärfe deinen Röntgenblick, indem du dir vorstellst, in die Person oder die Situation einzudringen. Zweitens, werde dann still und aufmerksam, und beobachte die aufsteigenden Bilder, die dir die Wahrheit zeigen.

Der scharfsichtige Luchs sieht Dinge, die versteckt und unsichtbar sind. Diejenigen, die die Kraft des Luchses haben, müssen aufpassen, keine Geheimnisse zu verraten. Es ist besser, schweigend zuzusehen.

STUFE DES LEHRLINGS

RABE

*Mystik. Magie.
Hellsichtigkeit.*

*Der Rabe hat in vielen alten
Traditionen magische und mystische
Eigenschaften: Er ist der Wächter der
Dunkelheit und offenbart das Licht.
Der Stab mit dem Rabenkopf, der von
einem Apachen namens »Kleine
Blume« hergestellt wurde, läßt einen
seine Kraft regelrecht spüren. Der
Griff des Stabs ist aus Hirschhorn, in
Leder gebunden. Mit Lederriemen
und roten Perlen sind Hirschhufe an
dem Stab angebracht worden. Dieser
kraftgeladene, rituelle Stab wird von
Medizinlehrern benutzt.*

*Ein Rabe mit Bewußtsein
Bringt dir
Aus dem Nichts
Ersehnte Hellsichtigkeit*

Schau dort! Vier Raben sind gerade gelandet und stehen in einer Reihe wie Wächter. Von allen schwarzen Vögeln mit schillernden blauschwarzen Federn und starken Schnäbeln sind Raben sicherlich die größten auf Turtle Island, mit einer Länge von 62 Zentimetern vom Schwanz bis zum Schnabel.

Als derjenige, der Licht ins Dunkle bringt, wird der Rabe in vielen Kulturen verehrt, manchmal mehr aus Furcht als aus Achtung, da man von ihm glaubt, er bringe sowohl Böses als auch Gutes.

In den Lehren der Indianer steht die Farbe Schwarz für viele Dinge, aber nicht für das Böse. Für uns ist deshalb der Rabe einer, der ins Unbekannte hinausgeht und Antworten sucht und dabei den Weg zur spirituellen bzw. nicht-physischen Welt findet. Raben bringen immer etwas zurück, wenn sie unbekannte Regionen, die außerhalb von Materie oder Form liegen, aufsuchen, und sie können ihre Gestalt und Erscheinung verändern. Von einigen Medizinmännern glaubt man, daß sie die Gestalt eines Raben annehmen.

Raben machen plötzliche, durchdringende Geräusche, die uns erschrecken und somit Veränderung in unser Bewußtsein bringen oder unsere Aufmerksamkeit auf eine wichtige Entwicklung lenken.

Magie, Mystik, Überbringer – das ist die Medizin des Rabens. Mit besänftigender Magie können sie eine Bewußtseinveränderung bewirken, die eine Heilung zuläßt und die Krankheit vertreibt. Sie vermitteln die Ganzheit des Großen Geistes. Man kann die Kräfte des Raben auch anrufen, um denjenigen Mut und Stärke zu schicken, die mit Unglück oder Zerstörung zu kämpfen haben. Als Aasfresser sind Raben die Hüter der Reinheit; sie sind die Polizisten der Umwelt bei Verschmutzung und bei allen anderen Ursachen, die dem Menschen schaden. Sie passen wirklich auf dich auf.

DIE BOTSCHAFT DES RABEN

Kommt der Rabe angeflogen, will er dir mitteilen, daß du Zauber in deinem Leben zu erwarten hast. Dieser Zauber umgibt dich vollkommen, und der Zauberer wohnt in dir. Begib dich in deine innere Welt, die Leere, um ihn zu befreien, und betrachte die Dinge mit den Augen des Rabens. Er bringt dir auch Heilung von alten, tiefsitzenden Wunden.

Liegt die Karte des Rabens umgekehrt herum, solltest du dich vielleicht weniger auf die materielle Welt fixieren und den Mysterien der unsichtbaren Welt, der »anderen Welten« mehr Beachtung schenken. Weigerst du dich, die Botschaften aus diesen anderen Sphären zu hören? Die Dinge sind nicht so, wie sie erscheinen. Blicke also über die »Wirklichkeit« hinaus, und entdecke den Zauber im täglichen Leben.

Mußt du dein Zuhause oder deine Umgebung reinigen? Achtest du auf Wiederverwertung? Trage nicht zum Müllberg der Erde bei.

Vielleicht ist der Rabe erschienen, um dich zu beobachten und deine Schwächen aufzudecken. Reagiere du zuerst, und verändere dein Verhalten, bevor du entdeckt wirst.

Der Rabe will dir beibringen, aus dem ungeformten Potential der Kreativität zu schöpfen und sie so zu gestalten, daß sie deinem Wachstum dient.

Die Stämme aus dem Nordwesten sagen, daß der Rabe das Sonnenlicht stahl und aus der Dunkelheit Leben und Ordnung brachte. Er lehrt das Mysterium der Existenz.

KOLIBRI

Heiterkeit. Musik. Liebe.

Der heitere Kolibri hat sich für den Bruchteil einer Sekunde auf dem Schild, welches zwischen den Orchideen liegt, niedergelassen. Im Winter zieht der Kolibri nach Südamerika, um seinen Lieblingsnektar von den Pflanzen zu genießen, die dort in Hülle und Fülle blühen. Der auf das Schild gemalte Wirbel drückt die Schwingung, die Wärme und die Bewegung dieses schönen Vogels aus.

Kolibri singt
Gebe, was du empfängst
Teile, was du erhältst
Schönheit täuscht nicht

Hörst du das trommelnde Geräusch? Es ist der Kolibri. Im Sommer bzw. Herbst zieht der Kolibri südwärts, um dem Winter hier zu entgehen. Es ist eine sehr lange Reise für diesen kleinen Vogel. Die eingeborenen Stämme im Süden, bis hin zu den alten Mayas und Inkas, haben im Kolibri immer ein magisches Wesen gesehen. Sein Flug und sein Klang sind einzigartig. Er scheint im Wind von Blüte zu Blüte zu tanzen und bleibt dann vor einer stehen, um ihren Nektar einzusaugen. Das starke brummende Geräusch entsteht durch seinen schnell vibrierenden Flügelschlag. Viele Kolibriarten haben strahlend bunte Federn, die das andere Geschlecht anlocken sollen.

Der Kolibri kann uns viel beibringen über die Lebensfreude und die Kraft des Klangs und der Schwingung.

In einigen Stämmen gehören die magischen Kolibrifedern zur rituellen Aufmachung. Sie werden für die Medizin der Liebe verwendet, um das Herz zu öffnen und den geliebten Menschen anzuziehen. Es besteht eine enge Verbindung zwischen den Kolibris und der duftenden Pracht der Blüten und ihrem süßen Nektar im Inneren: Während ihres Fluges entwickeln Kolibris eine Tonschwingung, die dem »Ton« der Blüte entspricht. »Hört« die Blüte diesen Ton, öffnet sie sich und bietet ihren Nektar dem Vogel an. Im Gegenzug verteilt der Kolibri den Blütenstaub unter den anderen Blumen.

DIE BOTSCHAFT DES KOLIBRIS

Kommt der Kolibri plötzlich in dein Leben geflogen, teilt er dir mit, daß du den Zauber eines heiteren Herzens hast und weißt, wie du positive Strukturen für dich und die Menschen, die dich umgeben, aufbauen kannst. Laß dein Leben zu einem Tanz aus reiner Freude, Heiterkeit, Liebe und Anerkennung für alles Schöne werden. Die anderen brauchen deine Leichtigkeit und Beweglichkeit, da es ihnen hilft, sich zu ändern und mehr zu lachen. Lebe das Leben in vollen Zügen. Der Kolibri kennt die Geheimnisse der Musik, des Klangs und der Schwingung. Sei empfänglicher für heilende Klänge durch schöne Musik und die sanften Melodien der Natur.

Die umgekehrt liegende Karte des Kolibris steht für Fragen der Liebe und der Trauer. Hast du deinem Herz erlaubt, sich aus Kummer zu verschließen? Nährst du Gefühle des Neides, indem du nur das siehst, was du nicht hast, anstatt dich deiner Fülle zu besinnen? Hegst du negative, selbstbemitleidende Gedanken? Hast du dich in irgendeiner Art abgeschnitten vom Leben, oder bist du zum Stillstand gekommen? Wenn du eine unerfreuliche Arbeit oder Beziehung hast, ist es Zeit zu handeln. Vielleicht brauchst du eine Zeit des Nachdenkens, um dir über die Ursache deines Unmutes klar zu werden. Erkenne deine Verbundenheit mit dem ganzen Leben an. Alle Formen des Lebens sind deine Brüder und Schwestern, die hier sind, um dir Freude, Heilung und Freundschaft zu bringen.

Rufe den Kolibri, nimm eine Blume, atme ihren Duft ein, und spiele mit im Tanz des Lebens. Übe das Summen, denn die entstehenden inneren Schwingungen sind sehr wohltuend. Kolibris machen wunderschöne Nester – vielleicht ist es Zeit, deine Wohnung mit leuchtenden, harmonischen Farben aufzuhellen.

Immer schon haben Pueblo-Indianer den Kolibri in Verbindung mit Regen und Kraft gebracht. In den Zeremonien wird seine Energie benutzt, um Regen zu bringen, der immer das Symbol für Heiterkeit ist.

STUFE DES LEHRLINGS

EULE

Weisheit. Einsicht. Erkennen.

Der hier abgebildete Eulenflügel ist das Ergebnis eines »Straßentods«: Die Eule wurde wohl durch die Scheinwerfer eines großen Wagens irritiert. Man behielt nur die Flügel und die Krallen, der Rest wurde zeremoniell mit Salbei und Gebeten an den Vogelgeist begraben. Der Eulenflügel liegt hier in seiner natürlichen Umgebung. Wäre die Eule eines natürlichen Todes gestorben, hätte sie wohl den Füchsen zum Fraß gedient – hier erkennt man ein Fuchsfell, das an den Flügel angebunden ist.

*Führe uns durch
Den Tunnel der Angst
Dränge die Dunkelheit zurück
Denn sie kommt so nah*

Für einige von uns ist die Eule der Adler der Nacht. Die kleinste Eule ist nur einige Zentimeter groß, die größten sind die wild aussehende Adlereule und die große Ohreule. Ihr Reich sind die Dunkelheit und die Nacht. Die Eule hat scharfe Sinne, und ein kleines Nagetier bemerkt sie wegen ihrer geräuschlosen Schwingen erst, wenn es von ihren scharfen Greiffüßen und dem messerscharfen Hakenschnabel erfaßt wird. Die Eule ist ein geschickter Jäger, nichts entgeht ihrem durchdringendem Blick.

Viele Indianerstämme fürchten die Eule und ihre Medizin, weil man von ihr glaubt, daß sie Tod und Unglück bringt und ihr Schrei der Ruf des Schicksals ist. Diese Stämme verwenden auch keine Federn von Eulen. Im keltischen Kulturkreis ist die Eule die Gefährtin von Hexen, und sie scheint sich mit Frauen, die magische Praktiken ausüben, verbunden zu fühlen. Personen, die die Medizin der Eule verwenden, fühlen sich dazu verleitet, ihre Macht für egoistische Zwecke einsetzen, und müssen sich davor schützen. In den traditionellen Lehren jedoch steht die Eule für Weisheit, wie z.B. bei der griechischen Weisheitsgöttin Athene, die eine Eule auf ihrer Schulter trägt und sich ihr Flüstern anhört. Die Eule erkennt dort, wo keiner mehr etwas wahrnimmt, dunkle und versteckte Dinge und kann eine Täuschung aufdecken.

DIE BOTSCHAFT DER EULE

Ist die Eule in einem Sturzflug gelandet, kannst du sicher sein, daß du tiefe Einsicht entwickelt hast. Keiner kann dich hereinlegen, da du die Fähigkeit besitzt, Zweifelhaftes oder Unehrlichkeit zu erkennen. Das bewirkt, daß andere sich vor dir in acht nehmen, weil sie spüren, daß deinem scharfen Blick und deiner Intuition nichts entgeht.

Die Eule ist der Überbringer aus dem Reich der Nacht und der großen Visionen. Beachte deine Träume, wenn sich die Eule in deiner Nähe befindet.

Hast du Angst vor der Dunkelheit, rufe die Medizin der Eule an, und betrachte den Himmel an einer ruhigen, sternenklaren Nacht: Einige von uns sagen, daß alle Menschen von den Sternen kommen.

Erscheint die Karte der Eule umgekehrt herum, warnt sie dich vor Blindheit und Selbsttäuschung. Benutze die Medizin der Eule, um deine Ängste und Schattenseiten ans Licht zu bringen. Unser Schatten ist unser größtes Geschenk und nicht etwas, was wir verbergen müssen.

Wir machen uns etwas vor, wenn wir meinen, alles sei, oberflächlich gesehen, in Ordnung. Hüte dich davor, dir etwas vorzulügen.

Die umgekehrt liegende Karte könnte dich auch fragen, ob andere dich möglicherweise belügen oder täuschen? Setze die Weisheit und Erkenntnis der Eule ein, um festzustellen, ob du deine Macht mißbraucht hast. Denke daran, daß alle Macht als Geschenk vom Großen Geist kommt.

Einige Stämme glauben, daß die Eule über große Heilkräfte verfügt. Für die Pawnee-Indianer ist sie das Symbol des Schutzes. Andere glauben, daß Eulen aufgrund ihrer Beziehung zur Dunkelheit Reinkarnationen sind.

BUSSARD

Einsicht. Voraussicht. Wissen.

· BUSSARD ·

Der hier abgebildete Bussard ist sehr wachsam. Nichts entgeht seinem glänzenden Auge. Damit er von seiner Beute nicht entdeckt wird, bevorzugt er Ruheplätze in dicht belaubten Bäumen und im Astwerk. Diese Art Bussard baut sein Nest zwischen Kandelaber-Kakteen in der Wüste. Unter den hier abgebildeten Federn stammt die aufrechte Feder von einem Rotschwanzbussard, der heutzutage in vielen Ländern eher eine Seltenheit ist. Für das Volk der Ojibwa steht der Rotschwanzbussard für Führungsstärke und Weitsicht.

Bote hoch oben am Himmel
Höheres Bewußtsein heißt, fliegen zu lernen
Bussard, trage mich empor auf starken Schwingen
Tiefe Einsicht ist deine Botschaft

Betrachte den Rotschwanzbussard, wie er auf dem Baum neben seinem gut geschützten Horst sitzt, der einen hervorragenden Aussichtspunkt und gleichzeitig die Freiheit bietet, jederzeit davonzufliegen. Betrachte seine Wachsamkeit. Die kleinste Bewegung im Gras wird sofort wahrgenommen. Seine Sicht ist genauso scharf, wie es sein Schnabel und seine Krallen sind. Er fängt seine Beute mit Anmut und Geschick. Der Bussard ist sich seiner Umgebung immer gewahr. Man sieht ihn entweder hoch am Himmel fliegen oder auf einem Felsen oder Baum sitzen und genau beobachten.

Es gibt viele verschiedene Bussardarten überall auf der Welt. Sie gelten im allgemeinen als große Jäger und Boten, als Vögel, die dem Großen Geist Botschaften bringen sowie Botschaften von ihm empfangen. Dies können Mitteilungen von unseren Vorfahren sein, die uns sagen wollen, welche Richtung wir spirituell oder physisch einschlagen sollen. Die Botschaft des Bussards kann auch auf eine Gefahr hindeuten und auf die Richtung, aus der sie kommt. Er zeigt durch seine Flugrichtung an, welches Gebiet sicher ist. Kreist er im Uhrzeigersinn, verspricht das einen produktiven Tag. Kreist er gegen den Uhrzeigersinn, stehen Schwierigkeiten bevor.

Für mein Volk der Ojibwa steht der Rotschwanzbussard für Führungsstärke und Weitsicht.

DIE BOTSCHAFT DES BUSSARDS

Fliegt ein Bussard in dein Gebiet, will er dir mitteilen, daß du seinen Scharfblick und Instinkt nutzen solltest, um deine gegenwärtigen Lebensumstände zu überprüfen. Oder er will dir sagen, daß du nach Rat suchen solltest, damit dir klarer wird, welche Richtung du auf deiner spirituellen Reise einschlagen solltest. Benutze den Bussard, um eine höhere Ebene des Bewußtseins zu erlangen. Von dieser Höhe aus wirst du deinen Weg im Leben klar erkennen. Der Scharfblick des Bussards wird dein Bewußtsein steigern. Seine Fähigkeit zu schweben lehrt dich Gelassenheit und Gleichgewicht. Macht er einen Sturzflug und fliegt dann weiter in eine bestimmte Richtung, suche deine Vision dort. Benutze das Bewußtsein des Bussards, um die Botschaft des Großen Geistes zu empfangen.

Erscheint die Karte des Bussards umgekehrt, siehst du eine Angelegenheit vielleicht nicht klar. Schärfe dann deinen Blick für die kleinen Dinge im Leben, die du übersehen hast. Wie steht es z.B. mit deiner Gesundheit oder deinem Gewicht? Der Bussard kann dich nicht emporheben, wenn du zuviel Gepäck, sei es gefühlsmäßigen oder geistigen Streß, dabeihast.

Benutze die Krallen oder den Schnabel des Bussards mit Vorsicht. Verwende deine Kraft oder Energie nicht dazu, andere Menschen zu verletzen oder ihnen zu schaden. Schließlich fordert dich der Bussard dazu auf, dein Leben nicht durch geistige Trägheit zu erschweren.

Der Bussard kann dir helfen, deinen Körper zu Visionsreisen zu verlassen, um Wissen und Informationen aus der geistigen Welt zu erlangen. Das kann auch latent vorhandene übersinnliche Fähigkeiten hervorbringen, die jedoch mit Demut und Vorsicht eingesetzt werden sollten. Schwinge dich nicht so hoch über deine Mitmenschen auf, da du dich sonst überlegen fühlen könntest. Bewußtheit ist der Schlüssel.

Hier wird ein Rotschwanzbussard mit seinen Jungen in einem Kaktusnest in Arizona gezeigt. Diese Vögel sind Boten und können unsere Visionsfähigkeit erwecken und uns bei der Suche nach dem Sinn unseres Lebens helfen.

WIE MAN DIE TIERKARTEN BENUTZT

Wa-Na-Nee-Che zeichnet mit seinen Fingern ein Kreuz in einen Kreis auf die Erde.

»Du wirst dieses alte Symbol noch näher kennenlernen. Das Kreuz zeigt in die vier Himmelsrichtungen: Norden, Süden, Osten und Westen. Der Kreis umfaßt das ganze Leben. Es ist der heilige Kreis des Medizinrads. Obwohl ich dich nicht kenne, fließen unsere Energien zusammen, während du diese Worte liest und diese Karten benutzt, weil alle Dinge durch das umfassende Gewebe der Schöpfung und die Gesetzmäßigkeit miteinander verbunden sind.

Denke daran, daß dies kein Spiel ist, sondern eine Unterweisung, ein Weg. Mein Wissen stammt aus mündlicher Überlieferung, wodurch die alten Lehren rein gehalten wurden: Wird Wissen aufgeschrieben und umgeschrieben, verändert es seine Bedeutung. Am Anfang gab es keine Sprache, und wir verständigten uns über Gedanken, Bilder und Farben. Erlaube den Bildern auf diesen Karten, dich zu einem Ort in dir selbst zu führen, der außerhalb deines bewußten Denkens liegt, in die Welt deiner Gefühle und deines Gespürs. Höre auf deine Intuition, sie wird dir die Antwort aus den Karten geben.

Diese Bilder, Werkzeuge und heiligen Kultgegenstände sind von meinem Volk entwickelt worden und kommen aus unterschiedlichen Stammestraditionen. Sie alle symbolisieren Schönheit und Kraft und können deinem Leben einen neuen Sinn geben.

Wir beginnen mit einer Zeremonie, in der du und deine Karten gesegnet und gereinigt werden. Sie wird Rauchzeremonie genannt. Nimm ein süß riechendes Kraut oder Weihrauch – wir benutzen den heiligen Salbei, der in unserem Land wächst und den ihr auf Wunsch von uns bekommen könnt *(siehe Seite 131)*. Zerkleinere die Kräuter in einer kleinen Schale oder einer Abalone, und zünde sie an. Dann fächere den Rauch mit einer großen Feder, die vorzugsweise von einem Raubvogel stammt, über das Buch, die Karten

Die Räucherzeremonie: Während die Kräuter verbrennen, verteile den Rauch mit einer großen Feder über das Buch, die White Eagle-Karten und dich selbst.

und dich selbst. Diese Feder solltest du nur für die Rauchzeremonie, das Reinigen und das Segnen verwenden.

Bewahre deine Karten in einem Tuch mit ein wenig Tabak auf. Dieser gehört, wenn man ihn richtig gebraucht, auch zu den heiligen Pflanzen. Gestatte niemandem, deine Karten zu benutzen, da sie nun mit deiner Energie aufgeladen sind.

Jetzt nimm dir viel Zeit, all deine Karten auf dich wirken zu lassen, und beobachte, welche dich am meisten anziehen. Notiere dies in dein spirituelles Tagebuch. Wie bereits erwähnt, gibt es drei Stufen der Unterweisung. Du kannst dir ruhig Zeit nehmen und dich einige Monate mit jeder Stufe beschäftigen. Das Leben läuft heutzutage manchmal zu schnell, um alles wirklich ganz aufnehmen und verstehen zu können.

Bei der ersten Stufe des Legesystems, der Stufe des Lehrlings, werden nur die Tierkarten benutzt.

Ziehe zunächst eine Tierkarte, die dir als Lehrer für den Tag, die Woche oder länger dient. Schreibe das Datum und die möglichen Veränderungen auf, die sich in deinem Leben ergeben, Zufälle, Träume, Bilder oder sogar Begegnungen mit dem Tier.

Es ist wichtig, daß du das Tier sehr gut kennenlernst. Jedes wird dir etwas zu sagen haben. Bald wirst du lernen, dein eigenes Krafttier und damit auch eine besondere Gabe zu entdecken.

Auf dieser ersten Stufe kannst du Fragen zu Beziehungen, Gesundheit, Streß, Beruf und Arbeit, Reinigung von negativen Zuständen, Wohlstand oder Mangel stellen, weniger jedoch zu Geldangelegenheiten. Es läßt sich nur das voraussagen, was als Potential bereits vorhanden ist.«

MEDIZINRAD DER VIER RICHTUNGEN

Beginne mit dem Legemuster der Vier Himmelsrichtungen. Es weist auf Situationen in deinem Leben hin, die dich körperlich, spirituell, geistig oder gefühlsmäßig einschränken. Um es dir anfangs einfach zu machen, betrachte zunächst nur das Haupttier, und wende seine Lehre auf dein Problem an.

Mische die Karten, und wähle neun davon willkürlich aus. Lege die ersten vier Karten, beginnend mit Norden, gegen den Uhrzeigersinn in jede der vier

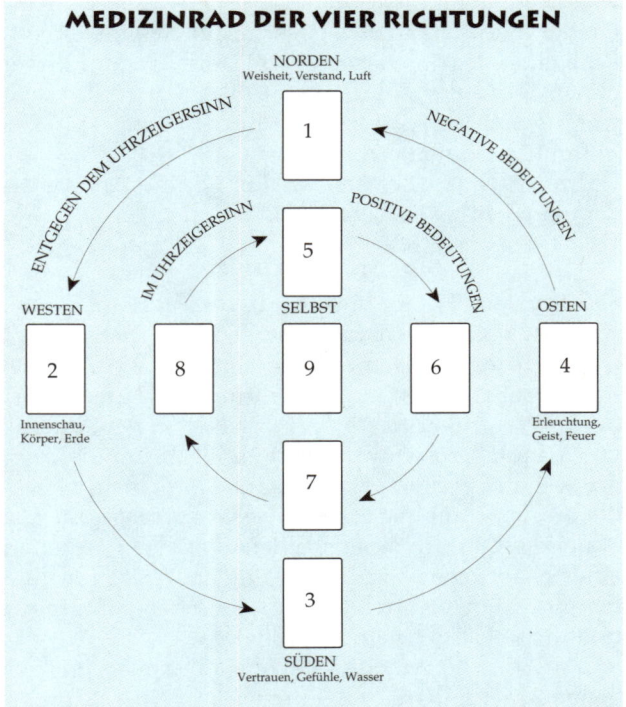

Himmelsrichtungen *(siehe Diagramm)*. Lege dann vier weitere Karten im Uhrzeigersinn so aus, daß sie einen inneren Kreis bilden, wobei der Norden wieder den Anfang macht. Dadurch entstehen zwei Tier-Energiekreise. Der äußere läuft gegen den Uhrzeigersinn und stellt eine negative Antwort auf deine Fragen dar. Der im Uhrzeigersinn verlaufende innere Kreis steht für eine positive Aussage.

Während du die Karten auf dich wirken läßt, wirst du von der Energie jeder einzelnen Tierkarte zur Hauptkarte geführt, die den Schlüssel zu deinem Problem enthält. Die Hauptkarte ist die neunte Karte, die du in die Mitte des Kreises legst. Sie ist dein wichtigster Lehrer, der dich auf den Kern des Ungleichgewichts in deinem Leben hinweist. Dieses zentrale Ungleichgewicht ist die Ursache für deine weiteren Probleme. Begrüße also deinen Tierlehrer auf dieser ersten Stufe des Lehrlings. Dein Krafttier, das dein wahres Selbst darstellt, wirst du zu einem späteren Zeitpunkt kennenlernen.

Im folgenden Beispiel wählen wir die Ameise als deinen wichtigsten Lehrer aus.

DEUTUNGSBEISPIEL

Das Problem: Keiner hört mir zu oder erkennt das an, was ich zu erreichen versuche. Ich bin frustriert.

Die Antwort: Deine Hauptkarte ist die Ameise. Lese also zunächst die Bedeutung der umgekehrt herum liegenden Karte oder der Negativen Ameise, um deine Hauptschwierigkeit zu erfahren. Sie zeigt dir, wie du auf Herausforderungen in deinem Leben, die du manchmal auch selbst schaffst, reagierst. Die Ameise sagt dir in diesem Fall, daß du dazu neigst, in einer chaotischen und ungeduldigen Weise hin und her zu laufen, dadurch andere Menschen aufzuregen und dir selbst Probleme zu schaffen.

Die Positive Ameise oder die richtig herum liegende Ameisenkarte, zeigt dir, wie gut es ist, Ruhe zu bewahren, deine Energien zu ordnen, und geduldig mit dir selbst und anderen umzugehen. Angst oder mangelndes Vertrauen können dein Ungleichgewicht verursacht haben. Wenn du merkst, daß du entweder geistig oder körperlich wieder zu schnell wirst, denke an die Heilkraft der Ameise, und setze ihre Qualitäten und Stärken ein.

Die Ameise zeigt dir die Fähigkeiten, die du auf der Stufe des Lehrlings entwickeln mußt. Dazu gehören harte Arbeit, Kooperation, Treue und Dienst am Ganzen.

UMFASSENDERES MEDIZINRAD DER VIER RICHTUNGEN

Das Legesystem der Vier Himmelsrichtungen kann auch dann benutzt werden, wenn du gerade spezielle Probleme hast. In dem hier beschriebenen Medizinrad symbolisiert jede der vier Himmelsrichtungen verschiedene Kräfte und Fähigkeiten. Es gibt viele Medizinräder aus den unterschiedlichsten Stammestraditionen, wir verwenden hier jedoch nur die folgenden:

Der Norden steht für Weisheit und Lehre; er ist der Ort des Verstandes und der Luft, deines intellektuellen und mentalen Lebens.

Der Osten steht für Erleuchtung und ist der Ort des Geistes und des Feuers, deiner Kreativität und Inspiration.

Der Süden steht für Vertrauen, Wachstum und Fröhlichkeit; er ist der Ort der Empfindungen und des Wassers, deines Gefühlslebens.

Der Westen steht für Heilung und Innenschau und ist der Ort des Körpers und der Erde, deines praktischen und instinktiven Lebens.

Du kannst jeder Richtung unterschiedliche Fragen stellen. Die Antwort weist dann auf die Qualitäten hin, die mit der jeweiligen Richtung verbunden sind, und die Tierkarte, die dort liegt, symbolisiert deine grundlegende Einstellung diesen Qualitäten gegenüber.

Lege die Karten also wieder aus, wie zuvor beschrieben, und deute zunächst die Negativaussage der vier Karten des äußeren Kreises, der gegen den Uhrzeigersinn verläuft. Deute danach auch die Positivaussage der Karten im inneren Kreis.

Beginne mit der Deutung der Negativkarten.

Eine Karte im Norden weist auf Probleme der geistigen Einstellung hin.
Beispiel: Der Fuchs im Norden fragt dich, ob einige deiner Probleme dadurch entstehen, daß du dich zu schlau verhältst. Oder versuchst du, eine Lösung nur aus dem Kopf heraus zu finden?

Eine Karte im Westen steht für körperliche oder materielle Probleme.
Beispiel: Das Pferd im Westen fragt dich, ob du deine

Kraft an andere abgegeben hast und sie dich dadurch übervorteilen können.

Eine Karte im Süden weist auf Schwierigkeiten mit deinen Gefühlen und deinem Vertrauen hin.
Beispiel: Der Wapiti im Süden fragt dich, ob starke Gefühle, wie Eifersucht oder Neid, dir Probleme in deinem Leben machen. Oder versteckst du deine Gefühle dermaßen, daß andere dir gegenüber mißtrauisch werden?

Eine Karte im Osten bedeutet in diesem Fall Mangel an Phantasie oder klarer Vision.
Beispiel: Die Libelle im Osten weist darauf hin, daß du dir Illusionen über deine wahren Motive machst.

Deute jetzt den inneren Kreis, die Positivkarten.

Eine Karte im Norden bezieht sich auf die innere Weisheit.
Beispiel: Das Kaninchen im Norden bedeutet, daß du Vertrauen hast in das, was du bereits weißt. Manchmal ist es besser, sich aus Schwierigkeiten schnell zurückzuziehen.

Eine Karte im Osten steht für klare Erkenntnis, umfangreiche Perspektiven und neue Ideen.
Beispiel: Der Bussard bringt dir die Gabe, deine Probleme von einem spirituellen Aussichtspunkt betrachten zu können, und die Fähigkeit, mit Hilfe deiner Phantasie eine Lösung zu finden.

Eine Karte im Süden steht für Vertrauen, Einfachheit und Freude.
Beispiel: Der Kojote im Süden fordert dich auf, deine Schwierigkeiten mit Humor zu nehmen. Sei ehrlich mit deinen Gefühlen, und vertraue deinem Instinkt.

Eine Karte im Westen bringt Harmonie in das physische und materielle Leben.
Beispiel: Der Dachs im Westen bedeutet, daß du manchmal deinen Standpunkt oder deinen Bereich verteidigen mußt. Habe den Mut, für das einzutreten, was richtig ist.

SCHWITZHÜTTE

Die Schwitzhüttenzeremonie ist ein altes Reinigungsritual. Schwitzhütten sind niedrig gebaute Kuppeln aus gebogenen und zusammengesteckten Weidenzweigen. Heutzutage deckt man sie manchmal mit Planen ab. In einem heiligen Feuer werden Steine erhitzt und dann in die Hütte gebracht. Dort gießt man Wasser über sie, und der entstehende Dampf reinigt auf körperlicher, geistiger, emotionaler und spiritueller Ebene. Wenn du eine vollständige Schwitzhüttenzeremonie erleben möchtest, bevor du dieses Legesystem machst, lese dazu die Lehre unter der Totemkarte Schwitzhütte in der Stufe der Ältesten *(siehe Seite 112).*

Wir werden das Schwitzhütten-Legesystem hier als Deutungsbeispiel erläutern. Es wird angewendet bei praktischen Angelegenheiten, die Heilung, Veränderung oder Auflösung erfordern.

Die Tierkarten werden so ausgelegt, wie in der umseitigen Abbildung dargestellt. Je nach Position der Karte beantwortet jedes Tier auf seine Art eine bestimmte Frage.

DEUTUNGSBEISPIEL

Problem: Ich bin unzufrieden mit meiner Arbeit. Ich werde nicht geschätzt, keiner hört mir zu. Ich bin zwar gut in meiner Arbeit, kann aber nicht aufsteigen. Wie komme ich voran?

In diesem Deutungsbeispiel ist der Kern des Problems ein Mangel an Selbstvertrauen und Selbstwertgefühl, was dazu führt, daß dein Chef und deine Kollegen dich so beurteilen, wie du dich selbst einschätzt. Du fühlst dich in dieser Situation machtlos.

POSITION 1: Der Biber bestätigt, daß du hart und ge-

STUFE DES LEHRLINGS

SCHWITZHÜTTE

POSITION 1
So denkst du über dich oder die Situation.

POSITION 2
So denken die anderen über dich oder die Situation.

POSITION 3
So möchtest du die Situation haben.

POSITION 4
Welche Eigenschaften behindern dich?

POSITION 5
Was du tun kannst, um die Situation zu verbessern.

POSITION 6
Der Geist des Haupttieres, das du zur Unterstützung auf deiner Reise angerufen hast.

wissenhaft arbeitest. Dieses ermutigt dich, deinen Selbstwert auf dieser Grundlage zu stärken.

POSITION 2: Das Stachelschwein symbolisiert deine übermäßig defensive Art im Umgang mit deinen Kollegen.

POSITION 3: Das Pferd steht für Stärke, Kraft, Schnelligkeit und Führungsqualität. Du benötigst diese Eigenschaften, um die manchmal etwas zähen Wesenszüge des Bibers auszugleichen.

POSITION 4: Der Adler zeigt dir die Fähigkeit, dich über die Situation zu erheben, um sie von oben klarer und sachlicher zu betrachten und deine Schwächen wahrzunehmen. Er gibt dir den Mut, die erforderlichen Änderungen durchzuführen.

POSITION 5: Das Kaninchen zeigt, daß die größten Herausforderungen, mit denen du dich auseinandersetzen mußt, deine Angst und deine Zurückhaltung sind. Wenn du diese überwindest, kommt eine sehr viel positivere Seite von dir zum Vorschein. Wächst dein Selbstvertrauen, brauchst du nicht mehr defensiv zu reagieren. Du kannst dann entschiedener auftreten und deine Gaben und Talente zeigen.

POSITION 6: Der Bär will dich in deinen Bemühungen unterstützen. Die Stärke, die du suchst, befindet sich im Inneren. Um glücklich zu werden, mußt du dich selbst, d. h. deinen Körper, deinen Geist und deine Seele gut kennen und deine Stärken einsetzen, um deine Schwächen zu meistern.

TABAKZEREMONIE

Dieses Legemuster wird als ein Gebet zur Unterstützung in allen Fragen deines Lebens verwendet. In unseren Lehren bitten wir bestimmte Kräfte um Hilfe. Der heilige Tabak ist ein Mittel, um unsere Gebete dem Schöpfer und anderen Energien zu übermitteln. Indianer sprechen von Heilerpflanzen, Lehrerpflanzen, Medizinkräutern, von halluzinogenen und heiligen Pflanzen, wobei der Tabak die heiligste Pflanze ist. Der Geist der Pflanze hört die Gebete und bringt sie zum Großen Geist. Dies geschieht, wenn eine Prise Tabak verbrannt wird oder wenn der Rauch aus der Pfeife steigt.

Es geht hier um eine Tabak-Gebetszeremonie, in der wir uns an den Großen Geist und die Tiere wenden. Beginne, indem du sagst: »Schöpfer, höre meine Gebete.« Lege eine Karte in jede der vier Himmelsrichtungen, wie du es beim Legemuster der Vier Richtungen *(siehe Seite 69)* getan hast, lasse die Karten jedoch verdeckt. Streue eine Prise Tabak auf die verdeckte Karte des Nordens, und sage dabei: »Geistige Wesen und Energien des Nordens, helft mir.« Tue das gleiche mit den anderen drei Richtungen. Lege die Hauptkarte aus, wieder verdeckt und mit einer Prise Tabak, und frage den Großen Geist, welche Probleme Er in dir wahrnimmt und woran du am meisten arbeiten mußt. Bitte um Erlaubnis, die Energien der Tiere anzurufen, die dir heute helfen sollen. Drehe dann nur die Hauptkarte um: Sie stellt die Botschaft des Großen Geistes dar, der sie dir durch die Tierhelfer vermittelt.

DEUTUNGSBEISPIEL

Problem: Ich fühle mich sehr angespannt und müde und falle immer wieder in Depressionen. Nichts scheint zu helfen. Was kann ich dagegen tun?
Antwort: Deine Hauptkarte ist die umgekehrt herum liegende Büffel-Karte. Er deutet darauf hin, daß du zu hart gearbeitet oder dich geistig und gefühlsmäßig sehr verausgabt und somit deine Reserven erschöpft hast.

Der Büffel fordert dich auf, dich selbst mehr zu achten; gönne dir Geschenke der Anerkennung, Ruhe und guten Nahrung. Dich selbst anzuerkennen ist der Schlüssel dafür, wieder zu deiner Kraft zu kommen. Vergiß nicht, für die Fülle in deinem Leben zu danken. Das wird dir alles geben, was du brauchst.

BÄRENHÖHLEN-HEILUNG

Der Bär bringt Heilung, und seine Höhle ist der Ort der Erholung, Ruhe und Erneuerung.

Die meisten Menschen werden irgendwann in ihrem Leben krank oder fühlen sich unvollständig. Dies ist selten »Schicksal« oder Pech. Oft können unterschwellige Ursachen gefunden werden – die manchmal selbstinszeniert sind, sei es durch schlechte Eßgewohnheiten, Umweltstreß, Arbeitssucht, unterdrückte oder übertriebene Gefühle –, für die wir Verantwortung übernehmen und an denen wir etwas verändern können. Andere Ursachen wie Unfälle, Infektionen, körperliche oder emotionale Schäden in der Kindheit erfordern die Hilfe eines Fachmannes.

Jede Krankheit läßt sich jedoch besser behandeln, wenn man sie als Lernaufgabe, die dem Wachstum dient, betrachtet und sich nicht als Opfer fühlt.

Mische die Tierkarten und wähle vier aus. Lege sie dann in der Reihenfolge aus, wie es im Diagramm auf der nächsten Seite abgebildet ist. Je nach Position enthält jede Karte bestimmte Aspekte der Antwort auf deine Frage.

DEUTUNGSBEISPIEL

In diesem Beispiel sind die Tiere der Wal, der Kuguar, der Schmetterling und die Spinne.
Problem: Ich bin gefühlsmäßig ganz zerrissen. Entweder fühle ich mich sehr gut oder ganz schlecht, und das laugt mich aus. Ich werde viel zu leicht von dem beeinflußt, was andere denken oder mir raten wollen. Wie kann ich mein Gleichgewicht finden?
Antwort: In diesem Beispiel liegen im Norden und im Westen die heilenden und stärkenden Elemente, die du brauchst. Im Norden werden die Gefühle durch den Verstand ausgeglichen. Der Westen, der Ort der Stabilität, bringt Selbsterkenntnis.
Position 1: Die umgekehrt herum liegende Karte des Wals besagt, daß du deinem inneren Wissen nicht traust. Vielleicht hast du die tiefe Verbundenheit zum Schöpfer und zu »all deinen Verwandten« verloren *(siehe Wal-Karte Seite 50)*.
Position 2: Der Kuguar fordert dich auf, deinen Gefühlen nicht mehr so verhaftet zu sein. Benutze die

BÄRENHÖHLEN-HEILUNG

POSITION 1
Welche Einstellung hat zu deinem Problem beigetragen?

POSITION 2
Wie kannst du dir selbst auf der körperlichen und emotionalen Ebene helfen?

POSITION 3
Welche Gaben mußt du entwickeln, damit sie zu deiner Heilung beitragen können?

POSITION 4
Welche Lektionen mußt du aus der Erfahrung des Leidens lernen?

Kraft des Kuguars, um selbst für dich zu denken. Sammle deine ganze Energie; treibe Sport, um dein Selbstbewußtsein aufzubauen und deine Lebenskraft in Schwung zu bringen.

POSITION 3: Der Schmetterling bringt dir die Gabe, dich aus deinen alten, selbstzerstörerischen Mustern befreien zu können und dich in das wunderschöne Wesen, das dein wahres Selbst ist, zu verwandeln.

POSITION 4: Die umgekehrt liegende Karte der Spinne warnt dich davor, dich nicht im Netz deiner unkontrollierten Gefühle zu verfangen. Es gibt keinen Grund, in diesem selbstgestrickten Netz zu verharren.

VOLLSTÄNDIGES MEDIZINRAD

Das Leben ist ein Kreis. Das Medizinrad oder der Medizinkreis ist ein Symbol für alles Leben. Jede Energie bewegt sich im Kreis. Das Legesystem des vollständigen Medizinrads wird verwendet, um deine wichtigsten, verborgenen Gaben und schlummernden Talente aufzudecken.

Der Kreis enthält alles Wissen und alle Weisheit, er spiegelt das Universum und dich selbst wider.

Es gibt viele Kreise innerhalb von Kreisen. Hast du jemals als Kind einen Kieselstein ins Wasser geworfen und über die Ringe gestaunt, die entstanden sind, etwa wie ein Rad im anderen? Diejenigen, die keltischen Ursprungs sind, haben wunderschöne Zeugnisse dafür, wie z.B. der Steinkreis von Stonehenge in Wiltshire, Südengland.

Wir Indianer haben unsere eigenen Medizinräder. Die Bedeutung und der Zweck der verschiedenen Kreissymbole unterscheiden sich jedoch nicht.

Benutze alle 28 Tierkarten für dieses Legemuster. Rufe das Tier an, das dir deine größten Gaben und gleichzeitig die beste Möglichkeit zeigt, sie auf kreative und nützliche Weise auszudrücken.

Finde einen ruhigen Ort, an dem du dich und die Karten durch Räuchern reinigen kannst *(siehe Seite 68)*. Lege alle Karten verdeckt kreisförmig im Uhrzeigersinn auf dem Boden aus. Setze dich in den Kreis, und schaue nach Norden. Hole einige Male tief Luft, gehe in deine Mitte, und stelle deine Frage, indem du die Energie, das Wesen des Tieres, das deine Gaben am besten verkörpert, anrufst. »Fühle« dann die Energie des Tieres, während du mit der linken Hand viermal im Uhrzeigersinn über die Karten streichst und dich dabei im Kreis drehst. Eine Karte wird sich vielleicht warm anfühlen, die nächste kalt oder kribbelig oder auch anziehend; eine Karte wird möglicherweise regelrecht »herausspringen«. Das hängt dann damit zusammen, daß dein Energiefeld sich mit der Energie des Tieres auf der Karte verbunden hat. Decke diese Karte, die dich am meisten anspricht, auf. Sie zeigt dir deinen Tierhelfer.

DEUTUNGSBEISPIEL

Sammle dich und rufe deinen Tierhelfer an, beachte die Anweisungen und höre auf deine Intuition. Die Antwort wird dann deutlich. Nimm dir viel Zeit, um die Qualität und die Aussage der Antwort aufzunehmen.

In diesem Beispiel ist das Tier, das sich auf deinen Ruf gemeldet hat, die Eule.

Antwort: Die tiefe Einsicht der Eule leitet dich und hilft dir, dein eigenes Unterscheidungsvermögen zu entwickeln, was unerläßlich für diejenigen ist, die den Weg der Spiritualität und des Wachstums gewählt haben. Die Eule läßt sich nicht betrügen.

Jetzt ist es wichtig, dich an deine Träume zu erinnern und sie aufzuschreiben. Träume enthalten Weisheit und Wahrheit, die aus dem tiefsten Inneren kommen. Baue die Träume in deine Wirklichkeit mit ein. Beobachte, wie oft die Eule plötzlich in deinem Leben auftaucht: Vielleicht hörst du sie oder siehst Bilder von ihr. Du wirst überrascht sein, wie schnell die Eule ein Teil von dir selbst wird. Sprich mit ihr im Geiste, und sie wird dir noch mehr Einsichten und Weisheiten durch Träume oder Eingebungen vermitteln.

Bald wirst du durch eine bedeutungsvolle Zeremonie geführt, in der du dich vollkommen mit deinem Krafttier verbindest. Es wird dann Teil deines Selbst, und du kannst es jederzeit bitten, dir Rat, Hilfe oder Schutz zu geben. Manchmal kommt ein Tier auch nur, um dir bei einem besonderen Problem zu helfen.

Aber was auch immer geschieht: Bist du erst einmal mit deinem Krafttier verbunden, wirst du dies als starke Empfindung in deinem Herzen wahrnehmen.

Bis dahin gibt es jedoch noch viele andere Möglichkeiten, mit deinen Tierfreunden Verbindung aufzunehmen. Gehe in einen Park oder Zoo oder mitten in die Natur. Setze dich ruhig hin, ohne dich zu bewegen, und warte geduldig, bis ein Lebewesen auftaucht. Beobachte, wie es sich verhält, wenn es dich nicht bemerkt. Schneide Bilder von Tieren aus, und stelle sie an dein Bett, vielleicht träumst du dann von ihnen. Zeichne, male, schnitze Tiere, forme sie aus Ton oder sammle Tierfigürchen und traditionelle Tierfetische. Nähre deine Beziehung zu den Lebewesen ganz bewußt.

Bist du dann bereit, die Krafttier-Reise zu machen, wundere dich nicht, wenn sich dasselbe Krafttier wie im Legesystem des vollständigen Medizinrads meldet.

WIE DU DEIN KRAFTTIER FINDEST

Wa-Na-Nee-Che führt dich zu einem abgelegenen Ort, wo du nicht gestört wirst.

»Wir gehen in die andere Welt, um dein Krafttier zu finden, das Tier, das ein Teil deines Selbst ausmacht. Möglicherweise bist du ihm schon viele Male begegnet, entweder in den Karten, in deinen Träumen, oder du hast es gesehen. Diese Zeremonie wird Klarheit bringen. Schamanen und Medizinlehrer unternehmen Reisen in andere Wirklichkeiten, um ihrem Krafttier zu begegnen; oder das Tier erscheint ihnen während einer Visionssuche.

Wir haben uns und diesen Ort hier schon mit Rauch gereinigt, und ich ziehe nun einen Schutzkreis um dich herum. Du kannst jetzt deinen eigenen Schutzkreis visualisieren, eine Kugel aus Licht und Reinheit.

Die Trommel ist das Roß des Schamanen, der Geist des Pferdes, der ihn in andere Welten führt. Du kannst entweder eine Kassette mit Trommelmusik benutzen oder dir vorstellen, daß ich für dich trommle. Entspanne deinen ganzen Körper und erlaube Mutter Erde, sich um ihn zu kümmern. Laß deinen Energiekörper, deine Seele, mit mir zu uralten Orten reisen, die Öffnungen – wir nennen sie ›Pforten‹ – zu anderen Dimensionen sind; vielleicht sind sie unter dem Wurzelballen eines großen Baumes, zwischen zwei Felsen oder in einer Höhle. Du paßt dich dem weichen Licht an, riechst die fruchtbare Erde, und deine Hände berühren Steine und Erde während du nach unten spiralförmig tief in Mutter Erde eindringst. Nimm dir sehr viel Zeit – das Licht wird heller, und du befindest dich plötzlich in einer magischen Landschaft, wo Bäume und Blumen wunderschön leuchten und du von vielen neugierigen Augen hinter Bäumen und Steinen angestarrt wirst.

Rufe jetzt dein Krafttier, deinen besonderen Freund. Öffne dein Herz, und empfange denjenigen in Liebe, der dein Lehrer, dein Freund oder ein Aspekt deines Selbst sein möchte. Schicke irgendwelche Insekten oder Wesen, die ihre Zähne zeigen, weg. Wenn sich dein Tier dir auf vier verschiedene Weisen zeigt, sobald die Trommelschläge schneller werden, dann packe das Wesen mit deinen Armen, und renne schnell mit ihm durch den Tunnel ins Tageslicht zurück, zurück in deinen Körper. Bitte es, sich mit dir zu verbinden, um dich zu lehren, zu unterstützen und dir Kraft zu geben. Je nach seiner Essenz wird es besondere Gaben für dich haben, die genau das sind, was du gerade benötigst.

Vergiß nicht, das Krafttier zu ehren und ihm zu danken. Bewahre eine kleine Figur auf, ein Stück Fell, eine Feder und Bilder deines Freundes. Lese über seine Gaben. Besuche es im Zoo oder draußen in der Natur. Aber das wichtigste ist, deine Ähnlichkeit mit diesem Tier herauszufinden. Welche Eigenschaften habt ihr gemeinsam? Welche Anlagen hat dein Krafttier, die du auch gerne entwickeln möchtest? Wie symbolisiert es dein Potential? Frage es, wie es dir helfen kann, laß es dich in schwierigen Situationen begleiten, erlaube ihm, Teil deines ganzen Wesens zu werden.

Viele Menschen tanzen ihr Krafttier. Sie ahmen erst seinen Gang und seine Bewegung nach und lassen dann seinen Geist Teil von sich werden. Du und dein Freund, ihr seid eins. Wenn dich mehrere Wesen begrüßen, wollen sie nur Kontakt mit dir aufnehmen oder dich überprüfen, oder sie sind Helfer, die du gelegentlich auch anrufen kannst. Beachte jedoch immer, aus welcher Richtung das Wesen zuerst kommt, da dies etwas über die Energie und Eigenschaft dieser Richtung aussagt. Du wirst merken, daß es die Trommel war, die deine Füße bewegt und dein Bewußtsein in jene Sphären geleitet hat. Wir werden jetzt Gebete und Danksagungen für diesen sicheren und ruhigen Ort und für das schützende Licht aussprechen.

Als mein Lehrling möchte ich dich ermutigen, weiterhin diese Art des Reisens zu üben. Es erwarten dich viele Reichtümer aus anderen Welten. Beginne die Reise mit deinem Krafttier als Schutzgeist bei Einbruch der Dunkelheit, dieser ›Ritze zwischen den Welten‹, oder in der Morgendämmerung. Vielleicht findest du jedesmal eine andere Pforte, vielleicht gehst du aber auch immer durch dieselbe hindurch.

Wenn du dich mit deinem Krafttier verbunden und deine wahren Gaben entdeckt hast – deine angeborenen Fähigkeiten, die es dir und anderen ermöglichen, in Ausgeglichenheit und Spiritualität zu wachsen –, bist du bereit, zur Stufe des Schülers weiterzugehen.«

2
WHITE EAGLE-MEDIZIN: STUFE DES SCHÜLERS

Als die goldene Sonnenkugel sich langsam hinter den Bergen erhebt, siehst du Wa-Na-Nee-Che auf einem kleinen Hügel, seine Pfeife in der Hand und die Arme Richtung Großvater Sonne ausgestreckt. Es ist sein Sonnenaufgangsgebet an den Großen Geist. Hoch über ihm kreist ein Adler, der wie gerufen kommt.

Als Wa-Na-Nee-Che zurückkehrt, nimmt er dich am Arm und führt dich zu einem gefällten Baumstamm an einem klaren Bach.

»Setzen wir uns zusammen hin.

Du hast jetzt Zeit mit deinen Tierfreunden verbracht, die wunderbare Lehrer für dich sind. Alle Tiere spiegeln Anteile von dir wider. Aber das wichtigste ist dein Krafttier, das dich jetzt eine Zeitlang begleitet und unterstützt hat. Du hast dich mit wesentlichen Widerständen, die dich in deinem Wachstum und deiner Entwicklung behindert haben, auseinandergesetzt. Die Stufe des Schülers ist die nächste Phase, in der du noch mehr Achtsamkeit gegenüber deinen Reaktionen auf Ereignisse entwickelst. Deine Intuition und dein Einfühlungsvermögen gegenüber der Umwelt entfalten sich.

Ich erkenne dich jetzt als meinen Schüler an, nachdem du deine Lehre beendet hast. Wir werden durchs Land ziehen und außergewöhnlichen Männern und Frauen aus verschiedenen Stämmen und Traditionen, Großvätern und Großmüttern, begegnen, die alle deine Lehrer sein werden. Der Titel Großmutter oder Großvater hat eine besondere Bedeutung für uns Indianer und wird nicht so leicht verliehen. Eine solche Person muß nicht unbedingt ein Großelternteil sein, sie muß aber dennoch die Weisheit des Alters und der Erfahrung und ein tiefes Verständnis der menschlichen Natur besitzen.

Es wird eine Ehre für dich sein, die Weisen, zu denen ich dich führen werde, kennenzulernen. Sie können dich eine Menge lehren, wodurch du auf eine höhere Stufe gelangst. Sie bieten wertvolle Gaben aus unseren alten Traditionen an. Viele dieser Gaben enthalten eine enormes Potential, weil sie zum einen durch ihre Besitzer mit Kraft geladen sind und zum anderen die Energie der Pflanzen oder Tiere, aus denen sie gestaltet wurden, enthalten. Einige dieser Gaben sprechen vielleicht dein Herz an, und du möchtest sie selbst auch besitzen. Ich kann dir dabei helfen, die Dinge zu finden, die du brauchst, und jedes wird auf rituelle Art entstehen. Die einzige Ausnahme bildet die heilige Pfeife: Sie ist nur für wenige gedacht.

Auf dieser Stufe wirst du deine Wahrnehmung erweitern und vertiefen. Es liegt in der Natur des Wachstums, daß es sich durch Leiden entwickelt. Verspürst du einen Widerstand oder kannst deine Träume und Visionen nicht genau deuten, nimm dir die Zeit, um darüber zu meditieren. Glaube mir, du wirst eine Antwort erhalten.

Du lernst jetzt deine Großmutter- und Großvaterkarten kennen. Sie teilen sich dir durch ihre wertvollen Geschenke mit – traditionelle, heilige Werkzeuge und Gegenstände, die zu ihrer Medizin gehören. Du wirst die Großvaterkarten durch die schönen erdigen Farben der Gegenstände, die immer auf Leder und Stein gelegt sind, erkennen. Im Gegensatz dazu sind die Großmutterkarten alle in dem glänzenden, lebhaften Rot einer Navajo-Decke gehalten.

Komm jetzt! Lerne deine Lehrer kennen! Ich habe die Großmütter und Großväter ausgesucht, die die reichsten Schätze anzubieten haben.«

STUFE DES SCHÜLERS

· PFEIFENTRÄGER ·

GROSSVATER PFEIFENTRÄGER

STAMM Cree
GESCHENK Tabak

Der gewickelte Tabak ist auf natürliche Weise gewachsen und getrocknet – ohne Chemikalien. Die Indianer sagen, daß er in dieser Form keinen Schaden zufügt, besonders wenn er als Überbringer von Gebeten benutzt wird. Der Kopf dieser heiligen Pfeife ist aus Ton, manche sind auch aus Holz hergestellt. Die bekanntesten Pfeifenköpfe sind jedoch die aus Catlinit – einem roten Stein, der nur von den Indianern abgebaut und benutzt werden darf –, die getrennt vom Hals verarbeitet werden. Die meisten heiligen Pfeifen sind mit Fell, Federn und Perlen geschmückt.

*Träger der heiligen Pfeife
Tabak, bringe den Atem des Lebens
Lehre Führung, gebe Einsicht
Heilende Wahrheit vom Licht des Schöpfers*

STUFE DES SCHÜLERS

Ein ehrwürdiger Ältester kommt dir mit einer alte Pfeife entgegen. Seine Hirschlederbekleidung ist reich verziert mit gefärbten Stachelschweinborsten und Hermelinschwänzen. Die Adlerfedern, die sein Haar schmücken, sind ein Zeichen großer Würde.

»Ich bin Großvater Pfeifenträger. Ich bin ein Cree-Indianer, oder Absaroka, was soviel wie ›Kinder des Vogels mit dem langen Schnabel‹ bedeutet. Ich vermittle dir die umfassende Weisheitslehre und die Fähigkeit, dich direkt mit dem Schöpfer durch die heilige Pfeife und den Tabak zu verbinden.

Ein Pfeifenträger zu sein ist sowohl eine große Ehre als auch eine große Verantwortung. Bist du dazu auserwählt, hast du vorher eine Vision – manchmal durch die Visionssuche. Es wird dir dann jemand eine Pfeife geben oder auch für dich herstellen. Pfeifen werden meistens für Gebete, Heilungen und andere spezielle Rituale verwendet.

Dir wird beigebracht, wie du die Pfeife benutzt, ihr Leben einhauchst und ihre Energie anrufst. Schau dir diese hier an, wie sie durch die Glut leuchtet. Der rote Pfeifenkopf steht für Mutter Erde, der Pfeifenhals aus Zedernholz steht für das Männliche. Zusammen bilden sie die heilige Hochzeit, die uns mit dem Pfad des Friedens und der Harmonie verbindet.

Tabak, der Atem des Geistes, war die erste Gabe. Wenn er in der Pfeife geraucht wird, trägt er die Gebete zum Großen Geist – Gebete für Heilung, für Botschaften und der Dankbarkeit. Mit dem Rauch steigen auch deine Gebete hoch.

Um ›durch die Pfeife zu sprechen‹, muß die absolute Wahrheit gesagt werden.«

DIE BOTSCHAFT VON GROSSVATER PFEIFENTRÄGER

»Mein Schüler, wisse, daß das erste Geschenk für dich selbst bestimmt ist: Die Zeit zum meditieren zu haben, um dich mit deinen wahren Gaben zu verbinden. Für uns bedeutet das eine viertägige Visionssuche ohne Nahrung und Wasser, um dadurch den Körper und die Sinne zu reinigen. Für dich könnte das bedeuten, auf ein Retreat zu gehen oder die Führung aus der geistigen Welt zu suchen. Es ist eine Zeit des Rückzugs, des Gebetes und der Pflege deiner Seele. Schau, ob du Streitigkeiten zu bereinigen hast oder dich mit deiner Familie oder Freunden versöhnen solltest. Die Pfeife verlangt dir das Versprechen ab, die Verantwortung zu übernehmen und Dinge zu Ende zu führen.

Erscheint die Karte der Pfeife umgekehrt herum, fragt sie dich, ob du unehrlich mit dir selbst und anderen bist. Sie mahnt dich auch, Dankbarkeit für alle Geschenke des Lebens und der Seele zu zeigen. Hast du es versäumt, dem Schöpfer und Mutter Erde zu danken für dein Leben, deine Nahrung, deine Geborgenheit und deine Freunde? Oder besser gesagt, betrachtest du alles als selbstverständlich?«

Großvater Pfeifenträger zerbröselt einige wohlriechende Kräuter.

»Ich gebe dir diesen reinen Tabak. Wenn du ihn mit Achtung verwendest, wird er nicht schädlich sein. Nimm eine Prise davon auf deine Hand, atme deine Gebete hinein, und streue sie auf Mutter Erde als eine Gabe. Deine Gebete werden erhört.«

Häuptling Cree Bull trägt hier einen zeremoniellen Kopfschmuck aus Büffelhörnern und Büffelfell. Sein Gesicht ist von seiner Kraft gezeichnet. Es gibt eine enge Verbindung zwischen der Büffel-Medizin und der Pfeife: Es war die Weiße-Büffelkuh-Frau, die den Menschen die heilige Pfeife brachte.

GROSSVATER TRAUMWEBER

STAMM Ojibwa
GESCHENK Traumfänger

Dieser Traumfänger ist traditionellerweise aus rotem Weidenholz hergestellt, das Netz ist aus den Fasern gemacht. Nackenfedern von Jagdvögeln, die Schutz bringen, baumeln an ihm. Dieses Geschenk ist besonders dann nützlich, wenn man es über das Bett hängt, um Alpträume einzufangen, oder um denjenigen, die sich auf dem spirituellen Weg befinden, den Zugang zu ihren Träumen und Visionen zu erleichtern.

Traumfänger, entwirre den Traum
Formen des Lichts helfen uns zu vertrauen
Enthülle die Bedeutung unseres Selbst
Verbinde dich mit dem inneren Reichtum

Eine ehrwürdige Person tritt aus einem Birkenholzkanu, am Ufer eines Sees in den kanadischen Bergen. Ihre Stimme klingt ganz sanft.

»Willkommen, mein Freund! Du bist einer der vielen, die Großvater Traumweber aufsuchen. Ich bin ein Ojibwa, ein Angehöriger eines sehr alten Stammes. Ich webe keine Träume oder Visionen; vielmehr entwirre ich sie und weise auf ihre Bedeutung hin. Wir haben immer gewußt, daß wahre Visionen vom Großen Geist, dem Schöpfer, kommen. Laß uns zusammensitzen. Vielleicht gibt es da etwas, was ich dir helfen kann zu verstehen – obwohl wir alle die Fähigkeit zum Traumweben haben.

Beim Traumweben geht es darum, ein Muster, nach dem wir leben können, zusammenzusetzen. Dadurch, daß wir uns in der Gegenwart für etwas entscheiden, schaffen wir unsere eigene Zukunft. Vorahnungen sind lebenswichtige Zeichen, die unser eigenes Überleben oder das eines anderen Menschen betreffen können, und sollten ernst genommen werden. Viele lassen sich durch ihren Verstand daran hindern, ihre Träume wirklich zu verstehen, oder mißverstehen das, was die Seele ihnen eigentlich mitteilen will.

Es besteht ein großer Unterschied zwischen einem Traum und einer Vision. Träume gehören zum Verstand, während Visionen aus der Seele kommen. Einige Träume unterstützen dich, wenn du im Wachzustand bist. Andere Träume – die, an die du dich kaum erinnern kannst – ermöglichen es dir, Spannungen abzubauen.

Wenn du eine Vision erhältst, ist diese sehr lebhaft. Die Farben sind kräftig, und du siehst und erinnerst dich an jede kleine Einzelheit – wie etwas ausgesehen oder sich angefühlt, ja sogar gerochen und geschmeckt hat. In einer echten Vision sind deine Energie und deine Seele gegenwärtig; du bist lebendig innerhalb der Vision.

Es mag eine Zeit dauern, bevor du die Bedeutung deiner Träume und Visionen verstehst. Sie sind jedoch wichtige Lehrer. Schreibe sie alle auf, damit du ihre Aussage irgendwann verstehst.«

DIE BOTSCHAFT VON GROSSVATER TRAUMWEBER

»Bitte einen Freund, für dich zu beten und dir einen Traumfänger zu machen. Das wird dir helfen, dich an deine Träume zu erinnern und Alpträume fernzuhalten. Im Schlaf trittst du in die geistige Welt ein. Du befindest dich auf einer tiefen Ebene, wo nicht mehr dein Verstand, sondern die Seele und die Energie die Führung übernehmen.

Mein Freund, es wird Zeit zu erkennen, was dein Verstand wirklich ist: ein nützlicher Diener, aber ein schlechter Herr, der dich von der Seele trennt. Erlaube den Botschaften aus der Traumwelt, mehr Gleichgewicht in dein Leben zu bringen.

Liegt die Karte des Traumfängers umgekehrt, hältst du vielleicht zu sehr an falschen Träumen, Phantasien, Luftschlössern oder trügerischen Hoffnungen fest, die vielmehr deinem Ego dienen. Denk daran, deine Träume ins praktische Leben einzubringen und ihre Geschenke tatsächlich zu nutzen.

Lebe wohl! Ich werde dir in deinen Träumen wieder begegnen.«

Der Name dieses Ojibwa-Großvaters ist Nah-Gun-A-Gow-Bow, was »Der Vorne Steht« bedeutet. Er trägt eine Decke, Halsschmuck, eine Kopfbedeckung und drei Federn. Er erinnert dich daran, auf deine Träume und Visionen zu achten.

· SONNENTÄNZER ·

GROSSVATER SONNEN-TÄNZER

STAMM Lakota
GESCHENK Adlerflöte

Die Adlerflöte, hergestellt aus dem Schenkelknochen des Adlers, wird so geschnitzt, daß sie den hohen, schrillen Schrei des Adlers nachahmt. Der an ihr angebrachte Flaum bewegt sich im Rhythmus des Tänzers, und die Perlenschnur ist passend zu seinen Farben ausgewählt. Der Klang der Flöte, genau wie der Schrei des Adlers, macht dem Herzen Mut. Diese Adlerflöte fordert dich auf, deine höchsten Ziele zu verwirklichen.

*Die Adlerflöte im Wind
Die Zeit der Dämmerung beginnt
Gebe Zeichen der Anerkennung, Sonnentänzer
Damit Erfüllung und Reichtum kommen*

Geräusche und ein außergewöhnliches Schauspiel empfangen dich: das schrille Pfeifen der Adlerflöte, Trommeln und das Stampfen der Füße auf staubiger Erde, während sich die Tänzer um einen auserwählten Baum, den Baum des Lebens, bewegen.

Du siehst und riechst den Rauch eines heiligen Holzfeuers, des »Feuers der Kinder«. Die Atmosphäre ist mit einer überwältigenden Kraft geladen und läßt Ehrfurcht aufkommen. Ein lebhafter Lakota-Ältester erhebt sich von seinem Ehrenplatz, um dich zu begrüßen.

»Du bist also gekommen, um Großvater Sonnentänzer zu besuchen. Heutzutage tanze ich eher im Geist als mit dem Körper. Schau dir an, was unsere Tänzer tragen. Alles hat eine Bedeutung: Die langen Kilts, die bis auf den Boden reichen, stellen die Verbindung mit Mutter Erde her; der Salbei, der um ihre Knöchel, Handgelenke und Köpfe gebunden ist, dient zur Reinigung und Segnung. Der Sonnentänzer kann heute entweder eine Frau oder ein Mann sein. Wir tanzen mit den Federn eines Adlers: Die Gebete werden dadurch über die Schwingen des Adlergeistes zum Großen Geist hochgetragen.

Wir Lakota-Indianer haben den Sonnentanz lebendig gehalten, trotz aller Gesetze, die die Weißen erlassen haben. Der Sonnentänzer bereitet sich ein Jahr lang auf dieses Fest vor. Wir opfern uns für die Heilung von Mutter Erde und für Frieden und Harmonie der gesamten Schöpfung. Die Sonnentanz-Zeremonie kann zwölf Tage dauern, wobei vier Tage davon nichts gegessen und getrunken wird.

Angefangen wird mit der Schwitzhütte zur Reinigung und Heilung. Unsere Pfeifen sind mit Tabak gefüllt für die Gebete, die uns Stärke geben und unsere Verpflichtung bekräftigen. Wir tanzen von Sonnenaufgang bis Sonnenuntergang zu den Vier Himmelsrichtungen *(siehe Seite 69)* und zu einem Baum. Wir spielen ununterbrochen auf unseren Pfeifen aus Adlerknochen, schicken Botschaften und Gebete an den Schöpfer, während wir Großvater Sonne betrachten, der uns Wärme, Hoffnung und Leben für unser Volk und Land bringt.«

DIE BOTSCHAFT VON GROSSVATER SONNENTÄNZER

»Die Fähigkeit, Einfühlungsvermögen zu haben, ist eine große Gabe. Für etwas zu bitten, das anderen und nicht dir selbst dient, mein Freund, ist der Kern der Botschaft, die du jetzt erhältst. Ich bringe dir die Gabe des Mitgefühls und der Ausdauer. Es wird Zeit, dich denen hinzugeben, die du liebst. Schaffe Frieden und Ausgeglichenheit um dich herum. Dafür sind möglicherweise große Opfer nötig, aber es wird deinem Leben Sinn geben.

Zum Schluß des Sonnentanzes gibt es ein großes Fest, als Symbol für die Fülle und die erhörten Gebete. Nimm jetzt diese Adlerflöte, und lasse den Geist des Adlers deinen Atem und deine Gebete zum Schöpfer emportragen.

Erscheint die Karte der Adlerflöte umgekehrt herum, fragt sie dich, ob du nur für dich alleine lebst. Bist du bereit, Mutter Erde zu schützen, zu helfen und zu heilen, oder bist du nur ein Nehmender? Letzteres ist oft der Fall, einfach weil dich keiner darauf aufmerksam gemacht hat.«

Der Sioux-Krieger »Regen Im Gesicht« trägt eine komplette Kriegsaufmachung aus Adlerfedern, ein Symbol des Mutes und der Tapferkeit. Sein Gewand ist aus Wildleder mit Fransen. In seiner Hand hält er einen Stab.

GROSSVATER MEDIZINMANN

STAMM Mohawk
GESCHENK Trommel

Die Trommel ist eines der ersten Musikinstrumente der Menschheit. Sie wird immer noch von Eingeborenen überall auf der Welt benutzt. Es heißt, daß wir vom Urklang erschaffen wurden und daß die Trommel uns mit diesem Pulsschlag verbindet. Der Rhythmus der Trommel erinnert uns auch an die Herzschläge, dir wir im Mutterleib wahrnehmen konnten. Diese Trommel hier ist aus dem hohlen Stamm einer Pyramidenpappel gemacht. Sie ist mit ungegerbter Kuhhaut überzogen.

Der Rhythmus des Herzschlags befreit Gefühle
Zurück zum inneren Frieden
Der Mutterleib gebiert die Natur
Trommelschlag der Erde

Der rhythmische Schlag einer Trommel ruft dich. Sie wird von einem Ältesten geschlagen, dessen edles Gesicht die Zeichen der Zeit in feinen Zügen widerspiegelt. Er sitzt an einem Lagerfeuer neben einem heiligen Langhaus am großen See von Ontario. Seine tiefe Stimme empfängt dich.

»Wenn du möchtest, kannst du mich Großvater Medizinmann nennen, obwohl Medizinmann eigentlich ein Ausdruck der Weißen ist. Ich bin ein Mohawk. Wir haben ein großes Wissen über Pflanzen, aber ein echter Medizinlehrer ist viel mehr als nur ein kräuterkundiger Arzt: Die Schutzgeister der Pflanzen teilen uns mit, welche heilenden Energien sie haben. Viele der Arzneimittel der Weißen kamen ursprünglich von uns.

Wir sind Heiler. Wir wissen, wie man Energie benutzt, um Körper und Geist ins Gleichgewicht zu bringen und zu heilen. Jeder hat irgendeine Gabe zum Heilen. Aber um diese zu entdecken, mußt du erst erfahren, wer du bist. Wenn du dazu bestimmt bist zu heilen, wirst du durch deine persönliche Vision erfahren, wie du diese Fähigkeit entdecken und anwenden kannst. Die Visionen kommen zu dir in Form von Bildern, Farben oder sogar in Form einer Sprache, die nur du verstehen wirst. Vielleicht mußt du erst dich selbst heilen.

Nimm soviel du kannst von Lehrern an, aber versuche nicht, dir ihre Fähigkeiten zu eigen zu machen. Finde deine eigenen. Wenn du in der richtigen Weise danach fragst, kannst du Unterstützung und heilende Energie von deinem Krafttier, einer Pflanze, einem Baum oder jeder anderen Art von Geschöpf erhalten.

Da wir über das Wissen der alten Methoden verfügen, können wir dir helfen, dich mit deinen Gaben zu verbinden. Du darfst sie nur zum Wohle anderer einsetzen. Wir führen Zeremonien durch, um Körper, Seele und Geist zu heilen. Bei dieser heiligen Arbeit benutze ich meine Trommel, um die Tiergeister zu rufen. Alle Tiere haben einen Geist und eine bestimmte Energie. Ein mittlerer Trommelschlag verbindet dich z.B. mit dem Bären, und ein langsames Herzschlag-Trommeln mit dem Schöpfer.«

DIE BOTSCHAFT VON GROSSVATER MEDIZINMANN

»Nimm diese Trommel. Ihr Herzschlagrhythmus ist beruhigend: Er erinnert dich an den Mutterleib und kann dich in einen meditativen Zustand versetzen. Meditiere täglich, um Frieden und Ausgeglichenheit in dein Leben zu bringen. Die Schwingungen der Trommel können negative Energiemuster aus deinem Körper ziehen oder blockierte Gefühle befreien. Der Klang wird zum Ausdruck deiner Empfindungen und läßt dich mit deinen inneren Schwingungen in Kontakt kommen.

Wenn die Karte der Trommel umgekehrt erscheint, fragt sie dich, ob du in deiner Art festgefahren oder körperlich steif geworden bist. Dieses könnte Anlaß zu etlichen Leiden sein. Fühlst du dich unausgeglichen oder orientierungslos in deinem Leben, dann ist es jetzt wichtig, zu tanzen, dein heiliges Lied zu singen und deinem Herzschlag zu folgen. Laß dir vom Klang der Trommel Mut machen. Deine Begabungen werden gebraucht.«

Tätowieren war bei einigen Stämmen sehr beliebt. Dieser Mohawk-Indianer hat kunstvoll gemachte Tätowierungen im Gesicht, auf Brust und Armen. Die Muster sind alle Symbole der Großvater-Medizin. Gürtel und Beutel sind mit Elchhaar verziert. Sie stammen aus dem frühen 18. Jahrhundert.

· KRIEGER DES GEISTES ·

GROSSVATER
KRIEGER DES GEISTES

STAMM Nez Percé
GESCHENK Schild

Dieses Schild mit einem Donnervogel ist aus ungegerbtem Leder gemacht, das naß über einen hölzernen Ring gespannt wird. Es ist mit verschiedenen Federn geschmückt, darunter auch Habicht- und Adlerfedern, die für Vision, Mut und Stärke stehen. Außerdem sind eine kleine Glocke zum Anrufen der Schutzgeister und ein Pferdegeist an dem Schild befestigt. Das edle Pferd trägt den Krieger sicher in den Krieg, und der Pferdegeist trägt den Seher in die Traumwelt.

*Mut und Kraft, weise vermittelt
Der Krieger des Geistes geht eine weite Strecke
Und ist zur Stelle, wo Gefahr lauert
Auf dem richtigen Weg werden wir geführt*

Ein Krieger des Geistes vom Stamm der Nez Percé kommt mit Lanze, Schild und flatternder Kopfbedeckung aus Adlerfedern auf seinem »Appaloosa-Hengst« angaloppiert. Er zügelt sein Pferd und steigt ab.

»Ich habe deinen Ruf gehört. Ich bin der Beschützer, Großvater Beschützer. Brauchst du meine Hilfe? Ich bin viele Jahre durch die Prärie geritten. Ich schütze meinen Stamm, Mutter Erde und unsere Medizinlehrer. Es ist eine Ehre, ein wahrer Krieger des Geistes zu sein: Nur wenige, ob Mann oder Frau, werden dazu auserwählt.

Im Gegensatz zu Medizinlehrern können wir die Menschen nicht heilen oder vor den Klauen des Todes retten, also beschützen wir sie – wenn nötig mit unserem Leben. Sind wir verletzt, können wir von Medizinlehrern geheilt werden. Wenn diese aber umgebracht werden, gibt es keinen mehr, der uns heilen kann. Also sind wir stark. Unsere große Gabe erlaubt es uns, direkte Angriffe auf Medizinlehrer abzuwehren, zu mildern oder zu erwidern. Wir werden danach von den Medizinlehrern in ihren Zeremonien gereinigt und geheilt.

Medizinlehrer verleihen uns Kriegern des Geistes Kraft und verbinden uns mit dem tieferen Wissen über unsere Gaben. Einige Leute sagen von uns, daß wir unerbittlich sind, aber wir sind manchmal gezwungen anzugreifen, um verteidigen zu können. Wir müssen zwar daran erinnert werden, zu lachen und unsere Gefühle zu zeigen, aber tief im Inneren haben wir die größten Herzen von allen.

Das Donnervogelschild dient auch dazu, Angriffe eines Speers, eines Pfeils oder sogar Energie abzuwehren. Auf meinem eigenen Schild ist der Bär abgebildet. Wenn ich seine Kraft anrufe, greift er den Feind direkt an oder schleicht sich heran; er warnt mich auch vor einer aufkommenden Gefahr.«

DIE BOTSCHAFT VON GROSSVATER KRIEGER DES GEISTES

»Wenn du mich anrufst, dann rufst du nach Schutz oder nach einem Schild. Du mußt wohl noch vieles über Schutz lernen, entweder für dein physisches Leben oder um negative Energien abzuwehren. Dieses Schild bringt dir auch Mut. Es ist nicht immer leicht, für die Wahrheit oder für das, was gerecht ist, einzutreten, besonders dann, wenn alle anderen sich mit weniger zufrieden geben aus Angst vor einer Autorität oder der Meinung anderer.

Liegt das Schild umgekehrt herum, dann braucht möglicherweise ein geliebter Mensch deinen Schutz. Es wird Zeit, Mut zu fassen und ein Problem direkt anzugehen oder die Verantwortung, entweder in deinem physischen Leben oder zu Hause, zu übernehmen. Die Karte weist außerdem darauf hin, daß du dir jetzt einen Beschützer oder Krieger des Geistes suchen oder dir einen weisen Rat einholen solltest, wenn du das Gefühl hast, dich auf unsicherem Boden zu bewegen.

Mein Freund, ich gebe dir dieses Schild. Es bekräftigt, daß du den Mut und die innere Stärke hast, die du brauchst. Wenn du deinen Helfer noch nicht gefunden hast, wende dich an die Tiere, und rufe einen ihrer Schutzgeister an. Lebe wohl.«

»Raben-Decke«, ein Großvater-Krieger der Nez Percé. Von seinem Kriegskopfschmuck hängen Hermelinfelle herab. Das perlenbestickte Band über seiner Brust kann ein Gewehr halten. Wenn er sein Schild nicht benutzt, steht es vor seinem Tipi.

STUFE DES SCHÜLERS

· VERSORGER ·

GROSSVATER VERSORGER

STAMM Ute
GESCHENK Süßgras

Süßgras, ein langes Gras, wächst in unzugänglichen, feuchten Gebieten. Es wird immer seltener, da unbebautes Land zunehmend mehr für die Landwirtschaft oder zum Errichten von Städten erschlossen wird. Dieses Süßgras ist auf traditionelle Weise geflochten und gilt als Symbol dafür, daß alles Gute, Sanfte und Reine im Leben miteinander verflochten ist. Wenn es brennt, gibt es einen wunderbaren, süßlichen Geruch ab. Sein Aroma hält sich bis zu einem Jahr und wird in vielen Zeremonien zum Segnen verwendet.

*Versorger hegt und pflegt, achtet alles Leben
Stark im sanften Licht des Süßgrases
Pflege dich selbst, lerne die Liebe
Finde Zufriedenheit in der Höhe*

Ein leises Rascheln im nahegelegenen Dickicht erweckt deine Aufmerksamkeit. Plötzlich schießt ein Jäger auf einem Pferd aus seinem Versteck, hinter einem Reh her. Sein Pfeil trifft, er steigt ab und spricht ein Gebet als Dank an den Rehgeist, der sein Leben geopfert hat, damit der Stamm weiterleben kann. Dieser Jäger ist Großvater Versorger, ein Ute-Jäger aus dem Westen Colorados.

»Komm in mein Lager; wir wollen das Essen teilen. Wir üben seit der Kindheit: Wir müssen lernen, jedes Geräusch, jeden Geruch, jede kleine Bewegung in der Umgebung wahrzunehmen; Dinge zu erspüren, lange bevor wir sie sehen, oder unter Umständen auch viele Stunden darauf zu warten. Wir lernen, alles Leben zu achten und unsere Verantwortung zu tragen.

Die größten Lehrer sind jedoch die Tiere selbst. Wir beobachten sie, wir sehen ihre Spuren, was sie jagen und fressen. Die Gabe, die uns die Tiere gegeben haben, besteht im Wissen um die heilende Kraft von Pflanzen und Wurzeln.

Wann immer wir unseren Stamm oder unsere Familie versorgen müssen, fragen wir zunächst Krafttiere um Rat oder halten eine Zeremonie ab, um die Energie der Tiere anzurufen und ihnen unsere Absichten – die natürlich gut begründet sein müssen – zu erklären. Nach der Jagd bedanken wir uns beim Tier dafür, daß es uns seine Lebensenergie zur Verfügung gestellt hat. Die Tiere selbst teilen uns sogar mit, welches Tier aus ihrer Familie bereit ist, sein Leben für die Menschheit zu opfern.«

DIE BOTSCHAFT VON GROSSVATER VERSORGER

»Die Lehre, die ich dir vermitteln will, besteht darin, Dankbarkeit und Respekt gegenüber allem Leben und dem, was dir gegeben wird, zu empfinden. Halte nichts für selbstverständlich: In allen Lebensbereichen nimm nur das, was du brauchst, aber nicht mehr. Versorger kümmern sich darum, daß alle zu essen haben, bevor sie selbst essen. Wie versorgst du diejenigen, die in deiner Obhut sind? Der Versorger legt das jeweilige Bedürfnis fest – ob es spirituell, geistig, körperlich oder gefühlsmäßig ist. Pflege, Liebe, Freude und Sicherheit braucht jeder. Wie sorgst du für dich selbst? Nimmst du Vollwertnahrung zu dir, ruhst du, und bewegst du dich genügend, gönnst du dir Ruhephasen, in denen du nachdenken, meditieren und deine Seele pflegen kannst?

Nimm dieses reinigende, schützende Süßgras. Es ist eine heilsame Medizin und dient gleichzeitig als Nest für kleine Lebewesen und Nahrung für Tiere. Sein süßer Duft erfüllt die Luft und verbreitet eine sanfte Atmosphäre, als ob du auf einer Wiese sitzen würdest, in Frieden mit dir selbst und der Natur.

Erscheint die Karte des Süßgrases umgekehrt, sagt sie dir, daß dir sowohl Dankbarkeit als auch Verantwortung fehlen. Kommst du deiner Pflicht nicht nach, für deine Eltern, dein Kind, deine Ehefrau oder deinen Ehemann, einen Freund, einen Angestellten oder einen Schüler zu sorgen? Das Leben ist ein wertvolles Geschenk. Zu oft mißachten wir dieses Geschenk und verschwenden unser Leben mit sinnlosen Aktivitäten. Das Leben ist kurz, es kann jedoch süß sein, wenn wir uns für den Weg der Schönheit, der Ausgewogenheit und der Dankbarkeit entscheiden.«

Dieser Ute-Krieger trägt einen Kopfschmuck aus Stachelschweinborsten, genannt Haartolle, eine enge Knochenhalskette und eine Brustplatte mit Knochenpfeifen. Seine wachsamen Augen zeigen, daß er ein guter Jäger und Versorger ist.

STUFE DES SCHÜLERS

· HÜTER DER GESCHICHTE ·

GROSSVATER
HÜTER DER GESCHICHTE

STAMM Hopi
GESCHENK Feder

Die am meisten geschätzten Federn sind die, die wilde Vögel verloren haben, damit du sie als ein Geschenk des Vogelgeists finden kannst. Bei Vögeln, die eines natürlichen Todes oder auch eines »Straßentodes« gestorben sind, wird der Vogelgeist um die Erlaubnis gebeten, die Federn behalten zu dürfen; der Rest des Tieres wird dann rituell beerdigt. Hier sieht man Truthahn- und Papageienfedern. Truthahnfedern stehen für das Geben. Papageienfedern stellen die weibliche Energie und den Großmuttergeist dar.

Geistig Reisender, Weiser der Zeit
Bewahrer der Vergangenheit, der nichts vergißt
Feder, Licht der leuchtenden Wahrheit
Erinnere dich an das, was du einst wußtest

Während sich deine Augen langsam an das helle Sonnenlicht in Arizona in den USA gewöhnen, siehst du, wie eine kleine, kräftige Person aus ihrem Dorf vom Tafelberg auf dich zukommt. Sie hat ein breites Gesicht und trägt ein Stirnband um ihren Kopf und die kurz geschnittenen Haare.

»Ich bin Großvater Hüter der Geschichte. Willkommen in meinem Land. Wir haben hier mehr als 1000 Jahre gelebt; dieses Land ist uns heilig. Mutter Erde ernährt uns mit Getreide, Kürbissen und Bohnen. Wir pflanzen die Saat tief in die Erde, da Wasser in diesem Wüstengebiet sehr knapp ist.

Ich hüte die Schöpfungsgeschichte bis in die letzte Einzelheit; die gleiche, die vor 50 000 Jahren erzählt wurde. Ich hüte auch unsere Stammesgeschichte: Es ist eine mündliche Überlieferung, kein einziges Wort muß verändert oder umgedeutet werden. Sie wird den Menschen während der langen Winternächte erzählt. Einige Stämmen malen die jährlichen Ereignisse auf Tierhäute. In vergangenen Zeiten malten wir wichtige Ereignisse auf glatte Felsen, die als Petroglyphen bekannt sind.

Hüter der Geschichte sind auch lebende Landkarten. Wir tragen das Wissen der heiligen Orte in uns, damit der Stamm dort seine besonderen Zeremonien abhalten kann. Unserer alten Tradition zufolge hat es drei Welten gegeben, die alle vernichtet wurden, weil die Menschheit durch ein Element ins Ungleichgewicht gebracht wurde. Wir leben in der vierten Welt, und sind wieder da, wo wir entweder unser Leben erneuern oder uns selbst zerstören. Die Hopi haben diese Warnung bisher viermal ausgesprochen; wir haben die Wahl.«

DIE BOTSCHAFT VON GROSSVATER HÜTER DER GESCHICHTE

»Hüter der Geschichte sind spirituell Reisende. Wir können bis an den Anfang zurück und das Wissen der Vergangenheit benutzen, um den Menschen zu ihrer Zukunft zu verhelfen. Wir reisen über die Erde hinaus und können von anderen Planeten und Welten berichten. Wir können in die Zukunft blicken und dadurch dem Stamm helfen, sein Schicksal zu verändern. Meine Lehre liegt in der Suche nach dem Wahrheitsgehalt jeglicher Mitteilung. Wahrheit ist sehr wichtig, auch wenn sie weh tut. Auf Dauer ist sie das Beste. Halte dich fern von Klatsch oder Geschichtenerzählern. Sei ehrlich in deinen Gedanken und Gefühlen dir selbst gegenüber. Vielleicht solltest du dich jetzt mit deiner Familiengeschichte beschäftigen: Du wirst interessante Lehren für dich daraus entnehmen. Nimm diese Feder, sie will dir sagen, daß du die Dinge aufschreiben oder ein spirituelles Tagebuch führen sollst.

Wenn die Karte mit der Feder umgekehrt erscheint, weist sie darauf hin, daß du in einer wichtigen Sache nicht ehrlich mit dir bist. Manche Leute haben das Bedürfnis, sich über andere Menschen zu erheben, um sie dadurch kleiner oder ›im Unrecht‹ erscheinen zu lassen.

Der Große Geist liebt uns alle gleichermaßen. Wir sind Menschen, also haben wir auch Fehler; sie sind sogar unsere größten Lehrer. Versuche nie, sie zu verbergen, denn die anderen werden sie immer entdecken.

Eine Feder ist ein Geschenk der Ehre. Verdiene sie dir.«

Dieser Hopi-Schlangenhäuptling, einer aus den Geheimgesellschaften der Hopi, trägt eine silberne Halskette aus »Kürbisblüten« und eine Adlerfeder. Dieser Großvater hat viel überliefertes Wissen aus seinem Stamm.

· WEBERIN ·

GROSSMUTTER WEBERIN

STAMM Navajo
GESCHENK Decke

Die hier abgebildete kleine Wolldecke hat ein einfaches traditionelles Muster. Sie kann entweder als Satteldecke für ein Pferd benutzt oder an die Wand gehängt werden. Einige von diesen kleinen Decken werden zum Binden von Medizinbeuteln verwendet oder als Altardecken. Das Weben dieser Decken kann leicht bis zu einem Jahr dauern. Die verwendete Wolle ist nach dem Kämmen auf einer Spindel gesponnen worden. Das Schiffchen ist aus einheimischem Holz auf einfache Art gebaut.

Schönheit und Kraft des gewebten Garns
Es lehrt mit Herzlichkeit das Gesagte
Mit Trost und Wärme, Geschichten erzählend
Laß Schmerz und Sorgen hinter dir

Willkommen, mein Kind. Ich bin Großmutter Weberin vom Stamm der Navajo. Der Weiße nennt uns Navajo, aber unser richtiger Name ist Dineh. Wir Frauen sind stolz: Die Arbeit unserer Hände und die Liebe zur Schönheit in unseren Herzen haben eine wundervolle Webkunst, die in aller Welt bekannt ist, entstehen lassen.

Ich trage die traditionelle Tracht meines Volkes: einen gefaßten Rock und eine enge, rubinrote Samtbluse. Wir lieben den Türkis. Schau dir meine Kürbisblütenhalskette an. Komm in mein ›Hogan‹, mein Haus. Es ist rund, hat einen Rahmen aus Holzpfählen, und seine Wände und das Dach sind aus der Substanz von Mutter Erde. Es bietet eine angenehme Zuflucht vor der heißen Sonne Arizonas.

Du bist jetzt als Schüler zu mir gekommen. Ich habe viele Lehren für dich und auch ein Geschenk, gewebt mit meinen eigenen Händen. Wir Frauen überwachen den ganzen Vorgang des Webens – angefangen vom Hüten der Schafe über das Bauen unserer Webstühle und das Färben der Wolle bis hin zum eigentlichen Weben. Die Muster haben eine tiefe Bedeutung und stellen oft heilige Symbole dar.

Großmutter Spinne, die durch ihr Spinnen die Welt ständig neu erschafft, hat uns den Zauber des Webens beigebracht: Die Kette war aus ihrem Netz gemacht, der obere Querbalken war der Himmel, der untere war ein Sonnenhof.

Meine Arbeit enthält Kraft, prachtvolle Farben und Muster, und ich frage dich, wie das Muster deines Lebens aussieht? Webst du einen Pfad der Schönheit? Nimmst du die Muster der anderen Menschen um dich herum wahr und webst in Übereinstimmung mit ihnen?«

DIE BOTSCHAFT VON GROSSMUTTER WEBERIN

»Ich bringe dir die Erkenntnis über den Reichtum deines Lebens und das Wissen, daß du die Wahl hast, dein Leben angenehm zu gestalten, mit wunderschönen Mustern und Farben. Meine Lehre handelt von Geduld, Stärke und Schönheit. Aber denke immer daran, daß die Dinge nicht perfekt sein müssen.

Das Gewebe und der Weber bilden eine Einheit: Wir setzen unsere Vergangenheit und Lebenserfahrung zusammen, und wenn wir mit dem Weben fertig sind, gehen wir zurück ›nach Hause‹.

Eine Medizindecke zu erhalten ist ein wertvolles Geschenk. Der Anlaß für ein solches Geschenk ist oft eine umfassende Heilung, eine Zeremonie oder einfach Dankbarkeit. Geschichten und Kräfte können in die Decke eingewebt sein. Um dir zu helfen, ein Gleichgewicht in dein Leben zu bringen, mache ich folgendes: Ich webe für dich eine Decke mit Fäden aus verschiedenen Lehren und vielen Formen des Wissens. Diese Decke wird dir Wärme, Kraft, Schönheit, Trost und Schutz geben.

Erscheint die Karte mit der Decke umgekehrt herum, fragt sie dich, ob du Löcher und Verzerrungen im Muster deines Lebensgewebes entstehen läßt, weil du zu sehr von dir eingenommen bist. Vielleicht fühlst du dich ausgeschlossen? Eine weise, ältere Frau in deinem Bekanntenkreis könnte dir Rat und Unterstützung geben und dir – symbolisch gesehen – eine wärmende Decke umlegen.«

Diese Navajo-Großmutter sitzt auf ihren wunderschönen Teppichen. Sie trägt einen Gürtel mit silbernen, ovalen Schalen, »Conchos« genannt, die den Reichtum ihrer Familie darstellen.

· GEBURTSHELFERIN ·

GROSSMUTTER GEBURTSHELFERIN

STAMM Cherokee
GESCHENK Medizinbeutel

Dieser schöne, mit Fransen versehene Medizinbeutel, der eine heilige Pfeife enthält, ist aus Hirschleder gemacht und mit Perlen verziert, die direkt aufs Leder genäht wurden. Das Muster ist typisch für viele Lakota-Sioux und stellt die Form eines Medizinrads dar. Die Enden der Fransen sind mit kleinen Blechkegeln versehen, die beim Tragen des Medizinbeutels – traditionellerweise in der linken Hand – leicht klimpern. Die persönliche Medizin des Trägers – Steine, Kristalle, Kräuter – wird in winzigen Beuteln um den Hals getragen.

Schlagendes Herz des Neugeborenen
Erblickt das harte Leben der Prüfungen
Sanfte Heilung durch das Wissen, was richtig ist
Dankbar für das eigene Leben

Eine würdevolle Frau mit üppigen Formen in verzierter Wildlederkleidung und mit einer großen, perlenbestickten Tasche tritt aus ihrem strohbedeckten Haus.

»Hier bin ich. Brauchst du die Hilfe von Großmutter Geburtshelferin? Ich bin eine Cherokee oder – in unserer Sprache – Tsalagi aus dem Südwesten (North und South Carolina und Tennessee). Ich habe viele Begabungen. Wie viele neue Leben kamen sicher durch meine Hände auf die Welt! Komm mit mir in dieses Haus einer Frau, die gerade Mutter geworden ist.

Sie liegt auf weichen Fellen, während wohlriechende Dämpfe von Heilkräutern hochsteigen. Sieh die Freude in ihren Augen, wenn sie ihr Kind behutsam einwickelt und sicher in die ›Kindertrage‹ legt. Sie gibt es mir, und ich hebe es hoch, um den Tagesanbruch zu begrüßen und einen Dank für die Segnungen des Großen Geistes auszusprechen.

Meine Tasche enthält Salben, Wurzeln und Kräuter, um die Geburt zu erleichtern, Blutungen zu verhindern, die Milchbildung für das Kind anzuregen und die Mutter nach ihrer Geburt zu kräftigen und zu heilen. Wir bringen den Müttern bei, für ihre Kinder zu sorgen. Ein Kind ist zart und empfindlich, doch voller Lebenskraft. Ich weiß um die Mysterien von Leben und Tod; ich hüte alles im Leben, was neu und empfindlich ist, was gerade hervorgekommen ist.

Von mir erfährst du, was in deinem Leben neu entstanden ist. Es ist manchmal schwer, eine bestimmte Phase loszulassen, damit die nächste geboren werden kann: die Zeit der Kindheit und Jugend, des Erwachsenen, der Eltern und Großeltern und schließlich der Wiedergeburt in die geistige Welt.«

DIE BOTSCHAFT VON GROSSMUTTER GEBURTSHELFERIN

»Die Geburt ist eine Entdeckungsreise. Sei offen für neue Ideen, für eine neue Arbeit, eine neue Erfahrung oder Beziehung, die in dein Leben treten wollen. Blicke auf dein Leben zurück, und finde heraus, ob vergangene Ereignisse oder alte Wunden Heilung benötigen, um dich von diesem überflüssigen Gepäck zu befreien.

Ich lehre dich, deine kreative Lebenskraft durch alles, was du tust, fließen zu lassen. Ehre dein inneres Kind, dein Leben, das Leben der anderen und alles, was dich umgibt.

Der Medizinbeutel, den du hier siehst, wird hauptsächlich zum Tragen der heiligen Pfeife benutzt. Die Pfeife wird für Heilung und Gebete in Zeremonien verwendet. Aber dieser kleinere Beutel, den ich dir gebe, ist für das Aufbewahren der Gegenstände, die für deine kreativen Gaben, deine heilenden und pflegenden Fähigkeiten stehen.

Betrachte die Schönheit dieser Welt mit den staunenden Augen eines Neugeborenen, und sei dankbar für dein Leben.

Die umgekehrte Karte des Medizinbeutels fragt dich, ob du es versäumt hast, das Beste aus deinen kreativen Gaben herauszuholen. Halte dich nicht zurück, nur weil du Angst hast, nicht gut genug zu sein oder nicht angenommen zu werden. Möglicherweise hältst du an der Vergangenheit fest und kannst die Umstände oder Menschen nicht loslassen, die sich weiterentwickeln müssen. Befreie dich davon, und laß etwas Neues entstehen.«

Diese Cherokee-Großmutter wird Walini genannt. Ihr Bild wurde im Jahre 1888 gemacht. Viele der Indianer trugen ihre Stammeskleidung zu dieser Zeit nicht mehr.

· MEDIZINFRAU ·

GROSSMUTTER MEDIZINFRAU

STAMM Apachen
GESCHENK Salbei und Zeder

Salbei und Zedernholz werden sowohl für die Reinigung vor und während der Zeremonien als auch für die Heilung verwendet. Dieser Ring aus Salbei und Zedernholz schützt und reinigt die Luft im Haus, wenn man ihn über die Tür oder das Fenster hängt. Der würzige, wohlriechende Salbei wächst im heißen Wüstensand von New Mexico und Arizona an einem Strauch. Viele Arten Zedernholz werden getrocknet und als Räucherstoff aufgehängt. Jede Pflanze hat ihren unverwechselbaren Geruch und dadurch auch eine bestimmte Energie.

Beschützende Medizin aus Salbei und Zeder
Neu geschaffenes Blatt dem Leben zurückgebend
Ehrfurcht vor unserer Mutter Erde
Jeder hat seinen besonderen Wert

Eine starke und warmherzige Frau antwortet auf deinen Ruf. Sie hat ein breites Gesicht, eine stark ausgeprägte Nase und trägt einen mit Rüschen besetzten Rock und ein reich mit Perlen besticktes Oberteil aus Wildleder. Ein Duft aus Kräutern umgibt sie. Sie untersucht vorsichtig einen kranken Mann: Er hat Magenschmerzen und leidet unter Alpträumen.

Sie reinigt erst sich, dann den Patienten mit dem Rauch einer Salbei-Zedernholz-Mischung. Sie nimmt einige getrocknete Kräuter aus einem kleinen Beutel heraus und wirft sie in kochendes Wasser.

Nach einigen Minuten trinkt der Patient diesen Tee und fühlt sich erheblich besser.

Sie fragt ihn jetzt nach seinen Alpträumen und teilt ihm dann mit, daß die Träume viel über seinen gefühlsmäßigen Zustand, die Ursache seines Problems, aussagen.

Sie schaut dich mit ihren dunklen Augen an.

»Mein Freund, du hast jetzt ein wenig von meiner Arbeit gesehen. Vielleicht fühlst du dich vom Prozeß des Heilens von Körper, Seele und Geist angesprochen – obwohl jegliche Heilung aus uns selbst heraus kommt. Wir sind nur die Helfer.

Es gibt zwei Arten von Medizinlehrern: solche, die von anderen in der Verwendung von Kräutern und anderen Heilmethoden unterwiesen werden, und solche, die eine direkte Vision, ein inneres Wissen, erhalten. Letztere sind die besseren, da sie nicht mit der Lehre eines Fremden arbeiten. Es gibt viele verschiedene Heilmethoden. Du kannst deinen Geist zu einem Patienten schicken, wenn du seinen Namen und seine Adresse hast; oder dein Geist tritt aus deinem Körper heraus, während du schläfst, und führt die Heilung durch. Es ist jedoch besser, persönlich zu erscheinen, da du mehr sehen kannst.«

DIE BOTSCHAFT VON GROSSMUTTER MEDIZINFRAU

»Mein Schüler, ich bitte dich, die Verbindung zu Mutter Erde wieder neu herzustellen. Sie bringt die Mutter-Medizin. Höre auf deinen Körper, wenn er um Unterstützung ruft. Bist du eine Mutter, brauchen deine Kinder möglicherweise Hilfe.

Frauen, versucht euren Mondzyklus anzuerkennen, und verbindet euch mit ihm: Es ist die Zeit der höchsten Kreativität und der Visionen.

Männer, untersucht eure Einstellung zu Frauen und erkennt die nährende, gefühlsmäßige Seite in euch selbst an.

Erscheint die Karte mit dem Ring aus Salbei und Zedernholz umgekehrt herum, solltest du auf deine eigene Gesundheit achten. Es ist wichtig, den Körper zu pflegen: Er ist der Tempel der Seele. Wie sieht es mit deinem Verstand aus? Hegst du irgendwelche negativen Einstellungen? Auch das ist ungesund. Oder sind deine Gefühle nicht im Gleichgewicht? Bist du ein Heiler, dann lasse die heilenden Energien durch dich hindurchfließen, anstatt deine eigene Energie zu benutzen.

Es kann sein, daß du selbst Heilung brauchst, möglicherweise von einem Medizinlehrer. Hier sind Salbei und Zeder für die Reinigung. Sie können als Tee für die innere Reinigung verwendet werden oder äußerlich, um die Aura oder die Umgebung zu reinigen. Somit schützen sie vor negativen Energien.«

Die Apachen-Großmutter trägt ein Wildlederkleid mit Fransen und ihren besten Umhang; wenn sie an einer Heilung arbeitet, trägt sie schlichtere Kleidung. Ihr Gesicht drückt tiefe Weisheit und Mitgefühl aus.

· STERNGUCKERIN ·

GROSSMUTTER STERN-GUCKERIN

STAMM Zuni
GESCHENK Halskette

Diese traditionelle Halskette ist aus Koralle, Türkis und Hishi-Strängen aus fein gemahlenen Muschelscheiben. Der Türkis steht für Vater Himmel oder den männlichen Geist und man glaubt deshalb, daß diese Halskette sehr stark schützt. Die Koralle symbolisiert das Blut von Mutter Erde und kräftigt Blut und Kreislauf. Diese schwere Halskette wird zusammen mit anderem Schmuck sowohl von Männern als auch von Frauen bei zeremoniellen Anlässen getragen, besonders beim Tanzen an Festtagen.

*Erschaffe Geheimnisse für die menschliche Rasse
Ganz in der ungeheuren Weite des Raums
Greife nach einem unsichtbaren Ort
Die Sterne bleiben auf ewig*

Großmutter Sternguckerin begrüßt dich freundlich.

»Heute kommst du als Schüler zu mir! Ich bin Großmutter Sternguckerin. Ich trage dunkle Kleidung wie die Nacht. Ich bringe dir nicht bei, wie man webt oder Schmuck herstellt, nein. Ich bringe dir den Zauber, in den sternenbedeckten Himmel zu blicken, in die Tiefe des Universums. Komm in mein Haus, und laß uns dort zusammensitzen. Dieses Dorf gibt es schon seit Hunderten von Jahren. In seiner Mitte befindet sich der große Platz, auf dem wir unsere öffentlichen Zeremonien veranstalten. Alle Häuser sind dicht aneinander gebaut – aus Adobe, den sonnengebackenen Lehmziegeln.

Ich biete dir etwas zu Essen an, das Geschenk von Mutter Erde an uns, das Volk der Zuni in Arizona: Kürbis und Getreide. Du mußt jetzt meine Familie kennenlernen. Die meisten meiner Familienmitglieder stellen Türkisschmuck her (wir nennen ihn Nadelspitze, weil er so fein ist), der mit Koralle, Perlmutt und Obsidian eingelegt ist. Mein Volk nennt mich Sternguckerin, weil ich die Gabe besitze, in den Kosmos zu blicken: Wenn ich mir die Sterne anschaue, sprechen sie zu mir. Sie sagen mir z.B., wann Unruhen auf Mutter Erde zu erwarten sind und andere zukünftige Ereignisse. Viele Indianer glauben, daß die Menschen von Sternengemeinschaften kommen und aus Sternenmaterie gemacht sind; der Anfang der Menschheit liegt irgendwo dort draußen. Wir glauben an viele andere Arten des Lebens, an viele andere Welten. Dadurch haben wir auch unsere Vision von Raum und Zeit und von unserem Platz im Universum.«

DIE BOTSCHAFT VON GROSSMUTTER STERNGUCKERIN

»Es ist jetzt dunkel. Wir schauen uns zusammen an, wie die Sternenmenschen wach werden. Die Lehre, die du suchst, liegt darin, einen Schritt zurückzutreten, um das ganze Bild zu sehen. Hüte dich davor, egozentrisch zu werden. Sei dir der Schönheit und der Ausgewogenheit, die entsteht, wenn du dich in einen größeren Zusammenhang stellst, bewußt. Lerne das Geheimnis und das Wunder der Schöpfung zu achten. Wenn du eine Frage zu deinem Leben hast, werde ruhig, konzentriere dich auf einen Stern, und warte auf die Antwort aus deinem Herzen.

Erscheint die Karte mit der Halskette umgekehrt herum, kann das ein Hinweis darauf sein, daß du das Leben zu eng siehst. Es ist sehr leicht den Überblick zu verlieren, wenn du in der täglichen Kleinarbeit steckenbleibst. Denke daran, daß alles mit Geist erfüllt ist. Schau nach oben in die Sterne und den geheimnisvollen Kosmos. Ich gebe dir diese herrliche Halskette: Die rote Koralle steht für Mutter Erde und bedeutet Versorgung, der blaue Türkis symbolisiert Vater Himmel und bedeutet Schutz. Jede Perle ist wie eine Kette von Sternen, und du bist einer davon. Vielleicht solltest du eine solche Kette tragen, um dich an deinen kosmischen Ursprung zu erinnern.«

Eine Zuni-Großmutter nimmt an einem Fest verschiedener Stämme teil: Hier ist sie beim Tanz der Olla-Mädchen, der normalerweise von reiferen Frauen getanzt wird. Der Wasserkrug auf ihrem Kopf wird Olla genannt. Sie trägt verschiedene Halsketten übereinander.

· HÜTERIN DER WEISHEIT ·

GROSSMUTTER HÜTERIN DER WEISHEIT

STAMM *Blackfoot*
GESCHENK *Federfächer*

Dieser Fächer wird für Segnungen oder zum Tanzen benutzt. Adlerfedern werden auch als Gebetsfächer verwendet, um den Großen Geist anzurufen, oder in der Rauchzeremonie. Die fünf Federn dieses Fächers stammen vom Goldadler, das Fell ist vom Kaninchen, der Beute des Adlers: Alles muß sein Gleichgewicht haben. Die Perlenstickerei ist mit einem runden Stich, dem Peyote-Stich, gemacht.

*Schätze alter Weisheit, lang versteckt
Hoffnung in der lebenspendenden Sonne geweckt
Weisheit muß wiedererlangt werden
Absolute Freiheit wird dann entdeckt*

Ich habe dein Rufen schon vernommen, bevor du hier warst. Du suchst Weisheit, mein Kind. Für dich selbst oder für andere? Ich bin Großmutter Hüterin der Weisheit der Blackfoot-Indianer. Die Geister der prächtigen Montana-Berge sprechen zu mir, und vom Wind erhalte ich Botschaften aus der Ferne.«

Sie sitzt am Feuer vor ihrem Tipi und trägt ein reich verziertes Kleid aus Wapitileder.

»Weisheit ist wie der Wind. Du mußt sie fühlen, um sie zu verstehen. Meine Weisheit habe ich mir über viele Jahre angeeignet, vielleicht über viele verschiedene Leben, in denen ich Erfahrungen gesammelt habe durch Sehen, Beobachten, Hören, Fühlen, durch Eindringen in den Kern der Dinge und in die unendliche Weite des Universums und am allermeisten durch die Verbindung zum inneren Selbst, das uns durch einfaches Wissen zur tiefsten Wahrheit führt.

Wissen alleine hat keine Kraft; es kann kalt und abstrakt sein. Es muß zusammen mit dem Verstehen des Herzens, dem Mitgefühl, angewendet werden. Heutzutage wird Wissen ganz anders gespeichert. Früher wurde es von den Ältesten gehütet, heutzutage wird es in den Computer geladen und für jedermann, sogar für Kinder, zugänglich gemacht. Einige würden sagen, daß Psychotherapeuten diejenigen sind, die das Wissen über das Selbst haben. Aber das größte Wissen liegt in der eigenen, inneren Weisheit.«

DIE BOTSCHAFT VON GROSSMUTTER HÜTERIN DER WEISHEIT

»Wir Indianer bewahren das Wissen über den Zweck der Dinge, so z.B. welche Steine wofür benutzt werden können oder welche Bedeutung bestimmte Ereignisse haben. Wir können über die Dinge hinaussehen und vorhersagen, was passieren wird. Du hast jetzt meine Weisheit angerufen. Meine erste Anweisung ist die, daß du deiner inneren Weisheit vertraust. Schärfe deine Wahrnehmung. Du hast viel mehr Bewußtheit, als du dir vielleicht zugestehen willst. Weißt du nicht, daß du tatsächlich mit allem Leben verbunden bist – mit Steinen, Bäumen, Pflanzen, Wolken, Lebewesen? Alle können mit dir sprechen und ihre Weisheit mit dir teilen. Du bist mit Mutter Erde und dem Schöpfer verbunden.

Viel Wissen und Weisheit sind im Dunkeln geblieben oder werden nicht beachtet, weil die Menschen einfach zu sehr von materiellen Dingen und deren Erwerb abhängig geworden sind. Die Schätze des Lebens liegen in den einfachen Dingen, die es umsonst gibt, und in den alten Lehren, die es noch zu entdecken gilt.

Erscheint die Karte mit dem Fächer umgekehrt herum, deutet sie darauf hin, daß du die Fähigkeit des Kindes, Staunen und Neugier zu empfinden, verloren hast. Wir sind hier, um das heilige Selbst zu entdecken und zu verstehen, um den Sinn unseres Daseins zu finden. Bist du lustlos und faul geworden und hast dich auf ein bequemes, aber dafür langweiliges Leben eingelassen?

Dieser Fächer aus Adlerfedern bringt dir die Fähigkeit, wieder bewußt zu werden, Dinge wahrzunehmen, die andere übersehen haben, und auf Zeichen und Nachrichten zu achten. Der Fächer zeigt dir, daß Gebet und Verbindung mit dem Großen Geist die größte Weisheit bringen.«

Die Weisheit dieser Blackfoot-Großmutter steht ihr im Gesicht geschrieben. Sie trägt hier keine traditionelle Kleidung. Ihr Zuhause liegt im nördlichen Flachland von Alberta, Kanada.

· REGENBOGENTÄNZERIN ·

GROSSMUTTER REGENBOGENTÄNZERIN

STAMM *Pueblo*
GESCHENK *Rassel*

Dieses ist eine Rassel für die Peyote-Zeremonie, mit der der Große Geist angerufen wird. Der Kopf der Rassel ist aus einem Flaschenkürbis gemacht und mit winzigen Kristallen gefüllt, die von Ameisen beim Bau ihres Hügels aus der Erde hochgeholt wurden. Der Kopf soll abspringen und den Benutzer wieder aufwecken, wenn dieser während der Zeremonie in eine zu tiefe Trance gefallen ist. Das Pferdehaarbüschel ruft den Geist des Pferdes an, um das Bewußtsein der Person zu stützen. Der Griff ist mit Perlen verziert.

*Energiegeladenes Rotgelb, endlich erwachend
Heilender grünblauer Himmel, ewiger Weg
Gewaltige Mutter Erde hält die Energie schwarz
Weiße Reinheit des Schöpfers auf dem richtigen Weg*

Großmutter Regenbogentänzerin kommt aus ihrem kühlen Adobe-Haus, um deinem Ruf zu antworten. Da sie gerade von einem zeremoniellen Tanz zurückgekehrt ist, trägt sie noch ihr schwarzes »Manta«-Kleid, weiche weiße Mokassinstiefel und einen »Tabla«-Kopfschmuck mit der Zeichnung eines Regenbogens. Während du sie anschaust, siehst du förmlich die Regenbogenfarben um sie herum tanzen. Diese Großmutter strahlt Leichtigkeit und Anmut aus.

»Ich bin gekommen, um dich den Tanz des Lebens zu lehren, das Muster von Energie und Rhythmus und die Bedeutung der Regenbogenfarben. Der Regenbogen lehrt uns, daß seine Farben nur schön aussehen, wenn man sie alle zusammen sehen kann. Wir sollten Menschen aller Rassen und Farben annehmen: Die Menschheit ist ein Regenbogenstamm.

Mein Rot ist aufladend. Es steht nicht für ›Halt‹ oder ›Gefahr‹, es fordert dich auch auf, vorwärts auf deinem rechten Weg zu gehen, auf dem ›guten roten Weg‹. Es ist die Farbe des Erfolgs.

Mein Gelb bedeutet Neuanfang, wie der Sonnenaufgang: Erwachen, Ausbreitung und Vertrauen.

Mein Grün ist die Farbe der Haut von Mutter Erde. Es bringt Heilung und Ruhe, aber wenn die Farbe ›blaß‹ ist, bedeutet das Krankheit – mein Volk sagt dann, jemand sei ›grün‹ im Gesicht geworden.

Mein Blau ist eine spirituelle Farbe. Es steht für den Himmel und das Wasser, in dem sich der Himmel widerspiegelt. Blau hebt die Gefühle und bringt der Seele Frieden. Das Königsblau schützt die heiligen Energiezentren, genannt Chakras.

Mein Violett symbolisiert Mutter Erde, ihre Familien, ihre Kinder und all ihre Großmütter und Großväter.

Mein Schwarz ist eine sehr mächtige Farbe. Wenn wir sie zu lange tragen, laugt sie uns aus. Großmütter tragen oft schwarz, da sie seine Energie zu halten vermögen.

Mein Weiß steht für die Reinheit, die Reinheit des Schöpfers.

Laß dein Leben also farbenfroher werden. Wähle die Farben bewußt aus, die du trägst, und versuche, ihre Bedeutung zu verstehen.«

DIE BOTSCHAFT VON GROSSMUTTER REGENBOGEN-TÄNZERIN

»Ich gebe dir meine Rassel. Benutze sie, um deinen persönlichen Rhythmus zu finden. Rasseln sind mehr als nur Musikinstrumente. Jede hat ihre eigene Stimme oder Schwingung. Einige Rasseln können negative Energiemuster auflösen, andere benutzt man für Gebete oder um Geister anzurufen. Rasseln bringen Freude, sie lehren dich das Tanzen, das Bewegen mit Energie, und sie helfen dir, dein Leben wieder fließen zu lassen, wenn es einmal stockt. Halte Ausschau nach den Regenbögen!

Liegt die Karte mit der Rassel umgekehrt, bist du möglicherweise nicht in Harmonie mit anderen Menschen. Fühlst du dich ›durchgeschüttelt‹ oder verwirrt? Werde dir bewußt, ob du versteckte Vorurteile gegenüber Menschen anderer Hautfarbe, ihrer Lebensweise, ihrer sozialen oder finanziellen Situation hast. Denke daran, daß wir alle ein Geist sind. Wir verdienen alle Achtung, weil wir unser Regenbogenvolk zu einem einzigen Stamm verschmelzen lassen wollen.«

Dieses Einträgerkleid, genannt »Manta«, wurde von vielen Pueblofrauen getragen. Die Webart ist in einfachen geometrischen Linien gehalten. Heutzutage werden oft Blusen mit Rüschen unter der Manta getragen.

GROSSMUTTER GESCHICHTENERZÄHLERIN

STAMM Seneca
GESCHENK Sieben Steine

Viele der für zeremonielle Denkmäler verwendeten Steine enthalten eine gewisse Menge Quarz. Da dieser Schwingungen erzeugt, wird gesagt, daß er mit dem Magnetfeld von Mutter Erde in Verbindung treten kann. Viele Medizinräder, Kreise, Tempel und Megalithen wurden auf Plätzen errichtet, die ein sehr starkes Erdmagnetfeld aufwiesen. Dies ist das Rad von Wa-Na-Nee-Che: Es enthält jeweils einen Stein für die vier Himmelsrichtungen. Die restlichen drei Steine stellen Mutter Erde, Großvater Himmel und den Schöpfer dar.

*Lerne Stärke und Geduld von der Weisheit der Steine
Hege tiefe Gefühle, teile alle verborgenen Gedanken
Zur Befreiung aus der Not nutze deine Phantasie
Meinen ganzen Dank – Mitakuasay – an all meine Verwandten*

Wer ist diese Älteste, die dir so anmutig entgegenkommt? Sie trägt ein Kleid aus weichem Wildleder mit Fransen und Perlen. Zwei silberne Borten hängen bis zu ihrer Taille herunter. Ihre Stimme ist tief und geheimnisvoll.

»Ich bin Großmutter Geschichtenerzählerin. Ich bin eine Seneca. In längst vergangenen Zeiten hatten wir eine besondere Verbindung zu den Steinzeitmenschen. Wir wissen, daß sie die Hüter der Geschichte von Mutter Erde waren. Während ihrer allmählichen Entwicklung konnten sie alle Ereignisse, die Mutter Erde auf ihrer langen Reise erlebt hat, wahrnehmen.

Komm, ich bringe dir jetzt bei, wie du mit einem Stein sprichst und seine Weisheit aufnehmen kannst. Steine sind weise. Wir hören ihnen aber nicht genau zu. Wir sagen: ›Wenn diese Steine doch nur sprechen könnten‹, und die Steine sagen: ›Wenn diese Zweibeiner uns doch nur hören würden.‹ Rufe einen besonderen Stein, wo immer er auch ist, und er wird auch dich rufen – du wirst dich von ihm angezogen fühlen. Strecke deine linke Hand aus: Fühlt sie sich warm an, dann verbindet sich der Stein mit dir. Bitte Mutter Erde um Erlaubnis, eines ihrer Kinder nehmen zu dürfen, und mache ihr dafür eine kleine Gabe. Wenn du deinen Stein untersuchst, beachte seine besonderen Vertiefungen oder Zeichnungen. Vielleicht enthalten sie eine bestimmte Aussage für dich. Versuche, die pulsierende, schwingende Energie des Steins zu spüren.

Ich kenne viele Geschichten für junge Leute, die mündlich überliefert wurden. Sie müssen genau weitergegeben werden, da sie kraftvolle Lektionen für das Leben enthalten. Die Geschichten beinhalten oft Tiermärchen, damit die Kinder ihr eigenes und fremdes Verhalten besser verstehen lernen.

Die Geschichten handeln von Heilung, von Hinweisen darauf, wie man außer Gefahr bleibt oder sich in bestimmten Situationen verhalten soll. Die beliebtesten Geschichten, die an den langen Winterabenden erzählt werden, dienen der Unterhaltung. Die Lektionen darin führen entweder zu Tränen oder zu Heiterkeit und Mitgefühl.«

DIE BOTSCHAFT VON GROSSMUTTER GESCHICHTENERZÄHLERIN

»Ich gebe dir hier sieben Steine, die dich mit dem Wissen der alten Weisen verbinden. Vier Steine sind für die jeweiligen Vier Richtungen und die ihnen innewohnenden Kräfte; die restlichen drei sind für Mutter Erde, Vater Himmel und den Schöpfer. Meine Lehre will dir mitteilen, daß du deine Gefühle und Gedanken offener mit anderen teilen sollst. Befreie deine Phantasie: Sie führt dich in die Welt der Träume und Visionen, die viele Geschenke enthalten. Lausche der Stimme der Natur. Erlerne die Kraft, Geduld und Weisheit der Steine. Vielleicht liest du deinen Kindern etwas vor oder machst ein Geschenk.

Erscheint die Karte der sieben Steine umgekehrt, zeigt sie, daß du dich verschlossen hast. Du weichst aus und weigerst dich, die Lektionen und die Weisheit, die dir andere anbieten wollen, anzunehmen. Vielleicht willst du deine innere Stimme nicht hören und bist wie ein Stein geworden: eine starrsinnige, verbissene Person, mit der andere verhandeln müssen. Werde also weicher!«

Diese Großmutter der Seneca trägt ein traditionelles Kostüm, das sie selbst aus merzerisiertem Baumwollstoff genäht hat. Ursprünglich wurde es aus Wildleder gemacht. Die blumigen Muster sind eher typisch für Stämme aus dem Norden.

WIE MAN DIE GROSSMUTTER- UND GROSSVATERKARTEN BENUTZT

Die Legemuster in der Stufe des Schülers spiegeln eine zunehmend reifere Einstellung wider. Bei der Deutung der Karten wird deine Intuition eine immer größere Rolle spielen. Du entwickelst möglicherweise eine besondere Vorliebe zu einem der Großmütter- oder Großväter-Lehrer, so daß du ihn in deinen Träumen entdeckst oder seine Gegenwart und Führung in vielen Bereichen deines Lebens spürst.

Unsere uralte Methode, ein Problem einer einzelnen Person zu lösen oder eine größere Entscheidung, die den ganzen Stamm betraf, zu fällen, bestand darin, sich im Kreis der weisen Ältesten zu beraten. Dazu setzten sich die Großmütter und Großväter in einen Kreis, und nach reichlicher Überlegung gab dir jeder von ihnen seinen Rat oder seine Meinung. Bei eindeutigen Fragen wurden nur eine Großmutter und ein Großvater befragt.

RAT VON GROSSMUTTER UND GROSSVATER MIT ZWEI KARTEN

Dieses Legemuster eignet sich hauptsächlich bei Schwierigkeiten in Beziehungen. Es bietet aber auch Hilfe bei der Suche nach dem eigenen Gleichgewicht. Jeder hat eine männliche und eine weibliche Seite, eine rechte und eine linke Gehirnhälfte. Die männliche Seite ist aktiv, behauptend, schöpferisch und beschützend. Sie ist mit der rechten Körperseite verbunden. Die weibliche Seite ist intuitiv, aufnehmend, pflegend und weiß, wann Rückzug, Ruhe und Erneuerung nötig sind. Sie ist mit der linken Körperseite verbunden.

Unsere beiden Ältesten zeigen uns, wo unsere Unausgewogenheiten liegen und was wir brauchen, um unser Gleichgewicht wiederherzustellen.

Mische Großmutter- und Großvaterkarten getrennt. Lege sie verdeckt aus, und wähle jeweils eine Karte aus. Drehe dann diese beiden Karten um, und lege die Großvaterkarte auf die rechte, die Großmutterkarte auf die linke Seite. Sie stellen die männliche und weibliche Seite unserer Natur dar. Sie beantworten dir folgende Fragen, wobei Frage 1 und 2 von Großvater und Großmutter, Frage 3 jedoch nur vom Großvater und Frage 4 nur von der Großmutter beantwortet werden.

Frage 1: Für deinen Partner: Welches sind seine positiven und negativen männlichen Merkmale, welches sind seine positiven und negativen weiblichen Merkmale?
Frage 2: Für dich selbst: Welches sind deine positiven und negativen männlichen Merkmale, welches sind deine positiven und negativen weiblichen Merkmale?
Frage 3: Was teilen dir die Gaben des Großvaters mit?
Frage 4: Was teilen dir die Gaben der Großmutter mit?
In diesem Beispiel ist die Großvaterkarte der Versorger, die Großmutterkarte die Geburtshelferin.

DEUTUNGSBEISPIEL

Das Problem (für die Partnerin): Ich verstehe mich nicht mit meinem Partner. Es gibt viel Streitereien; er unterstützt mich nicht gefühlsmäßig. Haben wir eine gemeinsame Aufgabe zu lösen, oder sollen wir uns trennen?

Antwort auf Frage 1: Großvater Versorger teilt dir mit, daß dich dein Partner in materieller und finanzieller Hinsicht unterstützt, nicht jedoch auf gefühlsmäßiger Ebene. Großmutter Geburtshelferin sagt dir, daß sich dein Partner öffnen und die emotionale Seite seiner Persönlichkeit leben sollte.
Antwort auf Frage 2: Großvater Versorger fordert dich auf, die Ganzheit und Ausgeglichenheit in dir selbst zu suchen und sie nicht völlig von deinem Partner zu erwarten. Die Karte zeigt dir, daß es nicht aufbauend ist, wenn du deinen Partner mit deiner Energie beherrschst. Großmutter Geburtshelferin

will dir sagen, daß du nicht auf die Bestätigung von jemand anderem angewiesen bist, nur um dich wieder wohl zu fühlen in deiner Haut. Du kannst in deine wahre Weiblichkeit wiedergeboren werden und lernen, dich selbst zu pflegen.

Antwort auf Frage 3: Das Geschenk des Süßgrases von Großvater Versorger bringt Segnungen. Im Umgang mit deinem Partner solltest du anerkennend und liebenswürdig sein.

Antwort auf Frage 4: Das Geschenk von Großmutter Geburtshelferin ist der Medizinbeutel. Er kann viele heilige Gegenstände enthalten, die dir Kraft geben, so z. B. heilende Kräuter, ein Amulett, vielleicht sogar ein kleines Tier aus der ersten Stufe, das gekommen ist, um dir zu helfen.

RAT DER WEISEN

Der Rat der Weisen kann auf verschiedene Art verwendet werden. Dieses Legesystem ist dann geeignet, wenn es um ein ernsthaftes Problem oder Hindernis oder um eine wichtige Entscheidung geht. Da du eine umfassende Fragestellung hast, wird der gesamte Rat der 14 Ältesten einberufen.

Mische die 14 Großmutter- und Großvater-Beraterkarten getrennt gut, so daß auch einige umgekehrt herum liegen. Lege sie verdeckt und sehr sorgfältig in einem großen Kreis aus. Rufe den Geist der Großmütter und Großväter an. Wähle viermal jeweils eine Großmutter- und eine Großvaterkarte aus, die du jeweils paarweise in alle vier Himmelsrichtungen legst, ohne sie aufzudecken. Lege dann die restlichen Karten ebenfalls verdeckt intuitiv dazu. Sie vervollständigen den Kreis und erhöhen durch ihre Gegenwart die Wirkung dieser Zeremonie. Bitte mit einer Prise Tabak um die Erlaubnis, den heiligen Kreis betreten zu dürfen. Setze dich in die Mitte, und spüre die Energie, die von diesen Weisen kommt, bevor du deine Frage stellst.

Betrifft deine Frage den Körper oder die Gesundheit, wende dich an Großmutter und Großvater im

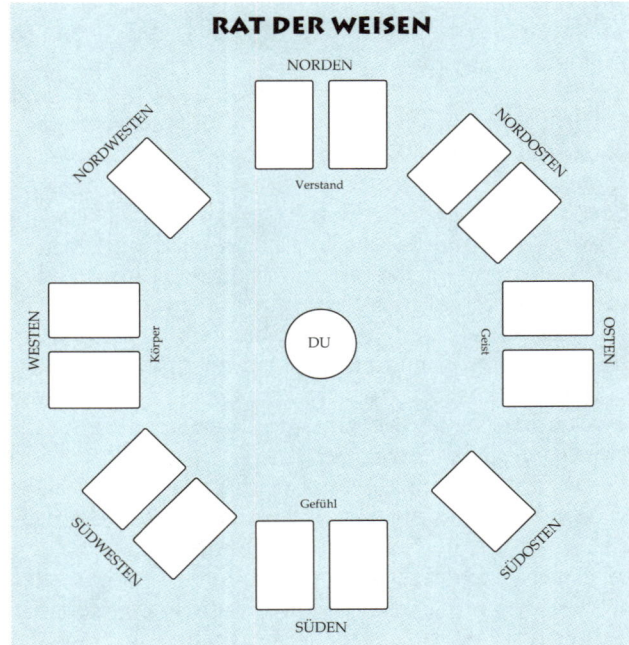

Westen. Geht es um den Verstand, um das Lernen, um Wissen oder Information, spreche zum Norden. Geht es bei der Frage um etwas Spirituelles, um einen neuen Anfang oder schöpferisches Tun, frage den Osten. Bezieht sich die Frage auf Dinge wie Vertrauen, Gefühle oder Beziehungen, wende dich an den Süden. Die Großeltern geben dir Unterstützung, die mit der Energie der jeweiligen Richtung, in der sie liegen, aufgeladen ist. Du wirst wissen, ob dir irgendwelche Eigenschaften, die sie verkörpern, fehlen.

Decke jetzt die zwei Karten aus der Richtung auf, die dein Hauptthema darstellt. Hier liegt der wichtigste Rat, der Rest wirkt unterstützend.

DEUTUNGSBEISPIEL

Problem: Ich stehe unter sehr hohem Druck. Es passiert zuviel, meine Zeit und Energie werden überbeansprucht. Ich bin gut in meiner Arbeit und will auch erfolgreich sein, aber ich fühle mich durch diesen Zustand ausgelaugt.

Da das Problem hauptsächlich deinen Verstand betrifft, setze dich den Großeltern im Norden gegenüber, und lege den Tabak neben sie.

In diesem Beispiel ist auf einer deiner Nordkarten Großvater Krieger des Geistes abgebildet. Da seine Gaben Mut und Schutz sind, kannst du erkennen, daß du aufgrund deiner inneren Einstellung selbst verantwortlich bist für die Anforderungen, die an dich gestellt werden. Du verhältst dich zu unterwürfig, weil du von den anderen angenommen werden willst, und hast Angst, nein zu sagen. Wenn sich dir das nächste Mal jemand aufdrängt, denke daran, Großvaters Mut anzurufen.

Die andere Nordkarte, Großmutter Hüterin der Weisheit, liegt umgekehrt herum. Sie fordert dich auf, den Sinn im Leben zu erkennen. Vielleicht bist du dem Rausch des materiellen Erfolgs verfallen oder steckst in einer Routine fest, die dir keine Zeit für körperliche oder spirituelle Entspannung läßt. Es wird Zeit, deine Prioritäten neu zu setzen.

Ist deine Frage sehr umfassend, kannst du auch die Karten der Großeltern aus den anderen drei Richtungen umdrehen und nach weiteren Hinweisen fragen. Bevor du zum Schluß der Zeremonie den Kreis auflöst, bedanke dich bei den Großmüttern und Großvätern.

Wenn du Frauenprobleme hast oder Schwierigkeiten mit einer Frau, wende dich an den Rat der Großmütter. Lege die sieben Karten im Kreis aus. Setze dich in Richtung Südosten, der Ort der Selbstbetrachtung. Drehe dich dann herum, decke nur die Karten der Vier Richtungen auf, und deute sie. Hast du Männerprobleme oder Schwierigkeiten mit einem Mann, suche den Rat der Großväter auf, und gehe in gleicher Weise mit den Großvater-Karten vor.

Diese Großmütter und Großväter verkörpern die besten Seiten männlicher und weiblicher Eigenschaften. Die Karten selbst drücken das Gleichgewicht zwischen dem männlichen und dem weiblichen Pol aus, und auch du kannst dieses Gleichgewicht mit

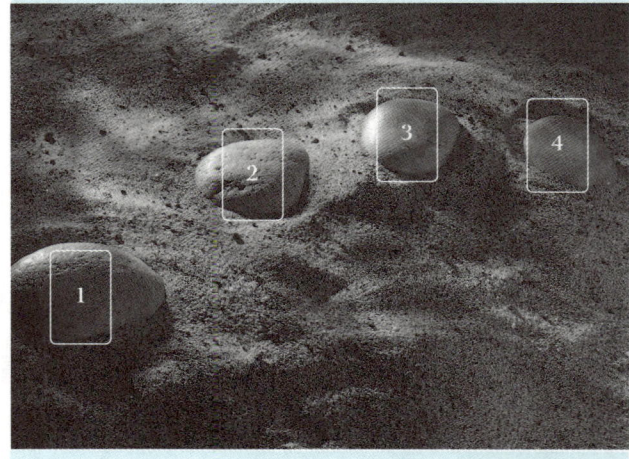

HEILIGER PFAD

POSITION 1
Auf welche Art blockierst du dich selbst?
Ziehe eine Tierkarte.

POSITION 2
Wie viele unerledigte Angelegenheiten bringst du als »Gepäck« mit? Ziehe eine Tierkarte.

POSITION 3
Welche Eigenschaften brauchst du, um den nächsten Schritt zu machen? Ziehe eine Großmutterkarte.

POSITION 4
Wer wird dich am besten auf diesem Pfad unterstützen? Ziehe eine Großvaterkarte.

ihrer Hilfe finden, entweder in dir selbst oder mit anderen.

Denke daran, dich nach Abschluß der Zeremonien zu bedanken. Handle nach den Lehren, die dir mitgeteilt wurden, und vergiß nicht, daß deine Träume weitere Lehren und Einsichten enthalten können.

HEILIGER PFAD

Dieses Legemuster kannst du anwenden, wenn du Hilfe auf deinem gegenwärtigen Weg suchst, und der Weg nach vorne versperrt zu sein scheint. Das Leben scheint ein Kampf zu sein, ohne Bedeutung, Farbe oder Aufregung. Wie kannst du dich mit den Kräften und Energien, die dir über diese schwierigen Zeiten hinweghelfen, verbinden? Die Herausforderung liegt darin, mit Gewohnheiten zu brechen, die dich zum Roboter machen: immer wieder das gleiche Essen, immer wieder die gleiche Tätigkeit zur gleichen Zeit. Wach auf! Gehe durch die Nacht, schaue zu den Sternen, gehe spazieren, suche Bäume auf, mit denen du sprechen kannst, und halte dort Erdzeremonien ab. Feiere die Sonnenwende und die Tagundnachtgleiche. Umgib dich mit gleichgesinnten Freunden, und bilde mit ihnen eine Gruppe, um gemeinsam den schamanichen Weg zu entdecken. Laßt euch ein Lied einfallen, tanzt eure Gefühle und werdet lebendig!

Mische die Tier-, Großvater- und Großmutterkarten in jeweils getrennten Stapeln. Lege sie alle verdeckt aus, und wähle spontan zwei Tierkarten, eine Großmutter- und eine Großvaterkarte. Lege sie in der Anordnung aus, wie es in der Abbildung auf Seite 108 dargestellt ist. Jede Karte hat gemäß ihrer Position eine besondere Lehre mitzuteilen.

PFORTE

Dieses Legemuster ist dafür geeignet, Fragen über neue Möglichkeiten oder neue Anfänge zu klären. Eine Pforte ist ein Durchgang, eine neue Gelegenheit, die du suchst oder die sich anbietet, weil es für dich gerade der richtige Schritt ist. Solche Durchgänge

PFORTE

POSITION 1
Welche Dinge haben dich in deinem Leben zurückgehalten? Ziehe eine umgekehrt liegende Tierkarte.

POSITION 2
Du mußt deine Pforte finden. Wer wird dir dabei helfen? Ziehe eine Tierkarte.

POSITION 3
Wer wird dir dabei helfen, eine klare Vision für dein neues Leben zu entwickeln? Ziehe eine Großmutterkarte.

POSITION 4
Welche Fähigkeiten brauchst du zu deiner Unterstützung? Ziehe eine Großmutterkarte.

POSITION 5
Welcher Älteste wird dich auf deiner neuen Reise führen? Ziehe eine Großvaterkarte.

erscheinen oft groß und bedrohlich, und die sich dahinter auftuende Landschaft mag unbekannt und beängstigend wirken. Es ist schwer zu wissen, welche Pforte die richtige ist, wenn unsere langfristigen Ziele unklar sind. Du brauchst die Unterstützung eines Tieres oder eines Ältesten, die dir Mut macht.

Mische die Karten, wiederum getrennt nach Tieren, Großmüttern und Großvätern. Wähle beliebig eine Großvaterkarte, zwei Großmutterkarten und zwei Tierkarten aus. Lege sie aufgedeckt so aus, wie es die Abbildung auf *Seite 109* zeigt. Die Positionen der Karten vermitteln dir bestimmte Einsichten.

VISIONSSUCHE

Dieses Legemuster wird dann verwendet, wenn man nach einer wichtigen Erkenntnis oder Klarheit, besonders auf spiritueller Ebene, sucht.

Normalerweise wird die Visionssuche auf einem heiligen Berg durchgeführt. Die Reise zum Gipfel des Berges und wieder zurück ist wie eine Pilgerfahrt. Der Suchende hält sich an einem bestimmten Platz vier Tage und vier Nächte lang auf, um dort zu meditieren und um eine Vision zu bitten. Der Visionssuche geht eine Schwitzhüttenzeremonie voran, die der Reinigung und der Klarheit während der Vision dienen soll. Wie dies durchgeführt wird, erfährst du im nächsten Kapitel *(siehe Seite 113)*.

Bevor du den heiligen Berg besteigst, mische die Karten, getrennt nach Tieren, Großmüttern und Großvätern. Behalte deine Frage im Kopf, und ziehe eine Großvaterkarte, zwei Großmutter- und drei Tierkarten. Lege diese Karten aufgedeckt aus, wie in nebenstehender Abbildung dargestellt.

Dieses Legemuster zeigt dir die Stationen deiner Reise, weist dich auf die Einsichten hin, die du jeweils erlangen wirst.

Später, wenn du alle drei Stufen der Unterweisung abgeschlossen hast, wirst du eine Phantasiereise machen – ein Teil der Zeremonie für die Visionssuche *(siehe Seite 127)*.

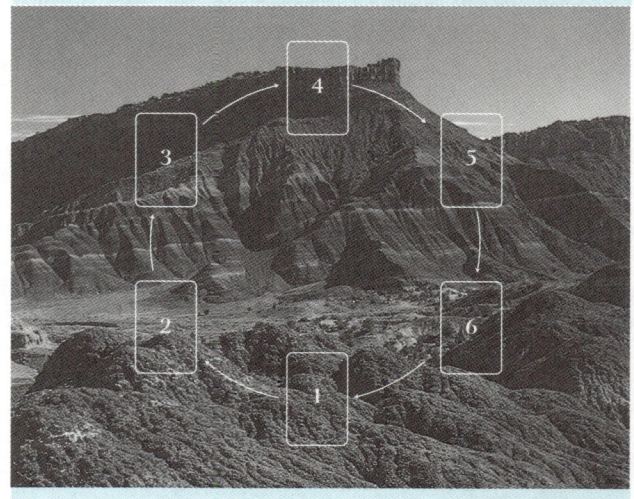

VISIONSSUCHE AUF DEM HEILIGEN BERG

POSITION 1
Tritt in die Schwitzhütte ein. Der Tierlehrer hilft dir dabei, alte Muster aufzulösen.

POSITION 2
Dieses Tier zeigt dir deine Schwächen.

POSITION 3
Großmutter gibt Antwort auf dein Hauptproblem.

POSITION 4
Großvater bringt dir Klarheit über deine Erkenntnis. Das ist die Hauptlehre.

POSITION 5
Großmutter zeigt dir deine Gabe.

POSITION 6
Dieses Tier unterstützt dich auf deiner zukünftigen Reise.

3
WHITE EAGLE-MEDIZIN: STUFE DES ÄLTESTEN

Wa-Ne-Nee-Che sitzt unter einem uralten Baum. Er ist ruhig und lächelt. Er winkt dich zu sich.

»Komm und setze dich unter diesen Baum. Du wirst mittlerweile seine Energie und seinen Geist spüren können und weißt, was für eine Persönlichkeit er besitzt. Fühle, wie er dich empfängt, während wir mit unserem Rücken an seinem breiten Stamm lehnen. Du hast jetzt die Stufe des Ältesten erreicht.

Die Ältesten verfügen über Wissen und Weisheit aus einer großen Lebenserfahrung – die aus ihrem eigenen Leben und dem ihrer Großeltern stammt, aber auch bis in die Anfänge der Menschheitsgeschichte zurückreicht.

Auf der Stufe des Ältesten angelangt zu sein bedeutet, daß du tatsächlich angefangen hast, Verantwortung für dein Leben und deine Verhaltensweisen, für deine Gedankenmuster – die jetzt eher positiv als negativ sind – zu übernehmen.

Auf dieser Stufe wirst du durch dein eigenes Beispiel zu einem Lehrer für andere. Du hast ein Bewußtsein für Mutter Erde und ihre Kinder erlangt und tust dein Bestes, um sie zu pflegen und zu erhalten. Lebe diese veränderte Einstellung. Deine Fragen werden deine wachsende Verantwortung und Wahrnehmung widerspiegeln.

Willkommen also auf der Stufe des Ältesten. Jetzt verstehst du, was das Leben für uns beinhaltet: die geistigen Energien, die Tiere, die Pflanzen, das Lebewesen, das wir Mutter Erde nennen, und den Schöpfer. Du weißt um die Achtung, die wir gegenüber allen Lebensformen empfinden, und was unsere heiligen Gegenstände und unsere Zeremonien, durch die wir Verbundenheit schaffen, für uns bedeuten.

Ich habe dich bisher die Stufe des Lehrlings und die Stufe des Schülers gelehrt. Jetzt zeige ich dir die vier Totemkarten aus der Stufe des Ältesten. Jede Karte, die Schwitzhütte, die Trommel, das Medizinrad und der Totempfahl, wird eine tiefe Verbindung zu unseren uralten Lehren herstellen. Die Bedürfnisse und Umstände, die diese Lehren ursprünglich hervorgebracht haben, sind heute noch genauso gegenwärtig. Reinigung, Bewegung, Feiern, Wissen und Erkenntnis über die Geheimnisse des Lebens, Verbindung mit der Vergangenheit – all dieses bildet den Grundstein für Gegenwart und Zukunft.

Jede der vier Totemkarten stellt eine der vier Ebenen unserer Psyche dar: die spirituelle, die gefühlsmäßige, die geistige und die körperliche.

Diese Totemkarten werden für innere Führung, Einweihung und Wandlung benutzt. Du bist jetzt in der Lage, dein eigenes Legemuster zu entwerfen, wenn du Hilfe bei größeren Lebensveränderungen brauchst – insbesondere ein Medizinrad. Deine Fragen werden grundlegender sein als früher und sich mit deinem inneren Wachstum, deiner Entwicklung, Wandlung und deinem spirituellen Leben beschäftigen. Die Totemkarten können auch zusammen mit anderen Karten verwendet werden, neben ihren Positionen auf den Vier Richtungen des Medizinrads – Norden, Süden, Osten, Westen.

Unsere Weisen, die Ältesten, existieren hauptsächlich in der geistigen Welt, genauso wie die alten Weisen der Kelten. Wenn du also ihre Weisheit brauchst, biete ein Geschenk an, und rufe sie – rufe diese geistigen Wesen an. Sie werden einem wahren Suchenden immer antworten.«

· SCHWITZHÜTTE ·

SCHWITZHÜTTE

*Reinigung. Heilung.
Erneuerung.*

In der Mitte der Schwitzhütte wird ein rundes Loch gegraben. Sieben Steine, jeweils für einen Teil der Zeremonie, werden nacheinander hereingebracht. Da die Steine die ältesten Wesen auf der Erde sind, werden sie als Großvater- oder Großmutter-Steine verehrt. Jeder wird einzeln begrüßt und anschließend in folgender Reihenfolge ausgelegt: Osten, Westen, Süden und Norden, zu Ehren der vier Himmelsrichtungen. Der Nordwesten stellt Großvater Himmel und die Mitte den Schöpfer dar. Heilige Kräuter, wie Salbei und Zedernholz, werden zusammen mit Wasser aus einer hölzernen Schöpfkelle über die glühenden Steine gegossen.

*Reinige das Unerwünschte
Erneuere unsere Herzen
Reinigung bis zurück zum Zustand im Mutterleib
Dem wir entwachsen sind*

Die Karte der Schwitzhütte steht für spirituelle Läuterung, Reinigung und Erneuerung auf allen Ebenen. Es ist jetzt Zeit, daß du eine unserer wichtigsten Zeremonien kennenlernst: die Schwitzhüttenzeremonie.

Wa-Na-Nee-Che führt dich zu einer Lichtung, wo du eine kleine, mit Planen bedeckte Kuppel siehst. Daneben brennt ein Feuer mit rotglühenden Steinen. Ein junger Indianer legt noch mehr Scheite aufs Feuer. Die Steine sind gesegnet: Sie lassen ihr Leben für die Heilung der Menschen.

Wa-Na-Nee-Che geht hinein. Du sagst: »Für all meine Verwandten« und gehst auch geduckt hinein. Die anderen Indianer folgen dir. Wa-Na-Nee-Che erinnert dich:

»Du bist in den Schoß von Mutter Erde eingetreten. Das Feuer ist Vater Geist. Die hereingebrachten Steine sind die Samen neuen Lebens. Hier ist der Ort, um zu beten und um Heilung für dich und andere zu bitten. Viele sind in der Schwitzhütte geheilt worden.«

Du wirst vier verschiedene Runden durchlaufen. In der ersten Runde werden die glühenden Steine in die Grube gelegt, der Eingang wird verdeckt, es herrscht Dunkelheit. Plötzlich erscheint die kleine Schwitzhütte so unendlich wie das Universum selbst. Wa-Na-Nee-Che spricht Gebete, streut Zedernholz und Salbei auf die Steine und gießt Wasser darüber. Der duftende Dampf steigt hoch und verbreitet eine wohltuende Wärme in der Hütte. »Entdecke Symbole oder Wesen in den glühenden Steinen.«

Wa-Na-Nee-Che betet zum Schöpfer, zu den Vier Richtungen, zu den Geistwesen und zu Mutter Erde. Seine Stimme erklingt zu einem uralten Lied.

Die Stimmung wird immer intensiver, du spürst die unsichtbare Gegenwart der anderen, und ein angenehmes Gefühl der Zusammengehörigkeit breitet sich aus. Jetzt wird die Plane vom Eingang zurückgeschlagen, und der Dampf quillt aus der Schwitzhütte.

Nach einer Pause werden weitere Steine für die Runde der Heilung gebracht. Die von Herzen kommenden Gebete der anderen sind sehr bewegend, und du sprichst dein eigenes. Wa-Na-Nee-Che weiß, wer Hilfe braucht, und sendet demjenigen zusätzliche Heilung.

Nach einer weiteren Pause beginnt die dritte Runde, die Runde der Gebete. Manchmal ist es eine Runde der Stille. Jetzt hört man aber die Trommeln, und ihr Klang wird Teil von dir. Du stimmst in das schöne Lied mit ein.

In der vierten und letzten Runde wird gedankt und Abschied von den Geistwesen genommen.

Du kommst wie neugeboren aus der Schwitzhütte. Es ist wunderbar, Lasten, Schmerzen, Ängste und Sorgen loszulassen. Du fühlst dich von innen heraus gereinigt, während du neben Wa-Na-Nee-Che am nurmehr aus Glut bestehenden Feuer sitzt und Großvater Sonne untergehen siehst. Der Himmel wird in ein feuriges Rot getaucht.

Wa-Na-Nee-Che beobachtet dich genau.

DIE BOTSCHAFT DER SCHWITZHÜTTE

»Die Karte der Schwitzhütte zu ziehen stellt eine Reinigung auf tiefster Ebene dar. Es bedeutet, das Leben nicht mehr aus dem Ego und aus dem Gefühl der Trennung zu leben. Als winzige Zellen in einem großen Organismus dienen wir uns selbst am besten, wenn wir die Gesundheit des Ganzen anstreben. Suche nach uralten Blockierungen, Widerständen, Gewohnheiten, Bedauern, Ablehnungen und Depressionen – nach einengender Vorstellung von dir selbst und deinem Potential. Verpflichte dich, die Elemente, die lebensverneinend anstatt -bejahend sind, zu entdecken und durchzuarbeiten.

Die Karte kann auch darauf hindeuten, daß du bereit bist, andere von ihrer Negativität zu reinigen.

Erscheint die Karte umgekehrt, bedeutet sie, daß du noch am letzten Rest, der dich kontrolliert, auf dir lastet oder dich süchtig macht, entweder geistig, gefühlsmäßig oder körperlich, festhältst. Möglicherweise ist jetzt der Zeitpunkt gekommen, dich deinen tiefsten Ängsten zu stellen und loszulassen.«

STUFE DES ÄLTESTEN

TROMMEL

*Energie. Rhythmus.
Bewegung.*

*Die hier abgebildete Trommel trägt
eine energiegeladene Zeichnung, die
etwas über die Medizin des Besitzers
aussagt. Man kann sich die Gesichter
der Trommler, die durch das Licht des
Feuers in einer nächtlichen Zeremonie
hell erleuchtet sind, gut vorstellen.
Dieser Trommler drückt durch seinen
Rhythmus die kraftvolle Energie des
Bären aus, während sich eine
Schlange heranschleicht. Die starke
Energie des Bären wird zusätzlich
durch das Zickzackmuster der
Blitzstrahlen ausgedrückt.*

*Der Klang des Herzens
Der Wahrheit, der Wärme, des Friedens
Nimm die Schöpfung der Erde auf
Befreie dich von der Angst*

Die Trommel fordert dich auf, dich mit deinen Gefühlen zu verbinden und mit dem Rhythmus und der Harmonie des Lebens zu gehen. Die Trommel steht für Energie und Bewegung. Sie ist der Pulsschlag von Mutter Erde, der Pulsschlag des Lebens, der Urrhythmus. Das erste Geräusch, was ein Kind im Mutterleib wahrnimmt, ist der Herzschlag seiner Mutter.

Wenn du mehr Verständnis und Weisheit entwickelst, lernst du auch die Muster und Schwingungen der Energie in dir selbst und um dich herum wahrzunehmen.

Gedankenmuster sind Schwingungen; der Rhythmus des Atems, der Blutkreislauf, alles fließt, pulsiert und bewegt sich. Alle Formen des Lebens haben ihr eigenes Klang- und Energiemuster. Mit der Zeit wirst du diese Muster spüren können. Auf diese Art teilen sich dir andere Lebensformen mit, erzählen dir etwas über ihre Natur und ihre Erfahrung während ihrer Zeit auf Mutter Erde. Du hast den Bewußtseinszustand erreicht, der dich das Verbundensein mit der ganzen Schöpfung als Wirklichkeit erkennen läßt. Wir nennen diejenigen, die diese Ebene der Wahrnehmung und Erkenntnis erlangt haben, Schamanen. Du kannst sie auch erreichen, wenn du dir die Zeit nimmst, ruhige Plätze in der Natur aufzusuchen und tatsächlich mit deinem ganzen Wesen »zuhörst«.

Die Trommel ist der »Pferdegeist« des Schamanen. Dein Roß trägt dich in einen anderen Zustand, in dem die Gehirnwellenfrequenz verändert ist, zusätzlich angeregt durch das schnellere Trommeln von vier bis sieben Trommelschlägen pro Sekunde. Du erreichst dadurch andere Dimensionen der Wirklichkeit. Vielleicht benutzt du jetzt eine eigene Trommel oder verwendest Kassetten mit Trommelmusik, um dich auf die Reise zu deiner inneren Führung zu begeben.

Die Trommel gibt unsere Herzschläge wieder. Indianer benutzen sie, um das Herz zu öffnen und zu heilen.

Die Trommel läßt dich die Fesseln deines Verstandes sprengen und führt dich zu dem ekstatischen, instinkthaften Teil von dir, der sich selten ausdrücken und hören lassen darf. Trommeln und Tanzen können ein tiefes Gebet darstellen, welches das ganze Wesen umfaßt.

Höre jetzt dem Herzschlag-Trommeln der Pow-Wow-Gruppe zu. Die acht Trommler um die große Trommel herum sind alle aufeinander eingestimmt. Ihre dunklen Gesichter sind ganz auf den Rhythmus und das kraftvolle Singen konzentriert. Der Klang öffnet dein Herz und bemächtigt sich deiner, so daß du tanzen und mit deinen Füßen auf die Erde stampfen willst, wobei jeder Schritt ein segnendes Gebet für die Mütter ist. Du hörst das Stampfen vieler Füße und das Läuten Hunderter von Fußglocken. Tänzer mit leuchtenden Farben, Federn, Perlen und Fransen wirbeln um dich herum. Während ihre Füße die alten, traditionellen Schritte tanzen, fängst du an mitzutanzen.

DIE BOTSCHAFT DER TROMMEL

Auf der Stufe des Ältesten lehrt dich die Trommel, deine eigene Schwingung zu entdecken – eine bestimmte Schwingungsqualität, die man bei Menschen wahrnehmen kann, die vom Herzen her sprechen, ein Klang von Furchtlosigkeit, Wahrheit, Offenheit und Wärme. Singe! Finde dein Herzlied: Es kann aus dem tiefsten Winkel der Freude in deinem Inneren wortlos hochsteigen. Die Herzen der Ältesten sind immer in Frieden, da sie ständig die Gaben des Lebens segnen.

Erscheint die Trommelkarte umgekehrt herum, fordert sie dich auf, deine Gefühle zuzulassen. Viele von uns leiden an chronischer Anspannung und Müdigkeit, als Folge von angespannten Muskeln und verdrängten Gefühlen, die in der Vergangenheit eine Bedrohung für uns darstellten. Die Karte fragt dich auch, in welchen Lebensbereichen du aufgehört hast, dich zu verändern, zu wachsen, zu fühlen oder wahrzunehmen. Möglicherweise ist ein Teil von dir eingeschlafen. Wache auf, sei nicht selbstgefällig, bewege dich, und traue dich, mit dem Rhythmus des Lebens zu gehen.

STUFE DES ÄLTESTEN

· MEDIZINRAD ·

MEDIZINRAD

Erkennen. Verstehen. Energie.

Diese heilige Anlage von etwa 12 Metern Durchmesser besteht aus 24 Steinen, die im Kreis angeordnet sind. Darin finden traditionelle Zeremonien und Rituale statt. Einige alte Medizinräder werden immer noch auf sogenanntem »heiligen« Boden gemacht, wie z.B. in den Ausläufern der Rocky Mountains in Montana. Es werden jedoch auch neue Medizinräder gebaut. Das hier abgebildete Medizinrad hat in seiner Mitte vier Hauptsteine, die das Feuer und damit den Großen Geist symbolisieren. Die Linien aus Licht, Wärme und Energie strahlen nach außen hin zum Rad und zu den Menschen, die an der Zeremonie teilnehmen.

Rad des Wechsels, Geist und Seele ausgleichend
Vollkommenes Wesen
Ruft der Schöpfer
Und dein Herz hört ihn

Wa-Na-Nee-Che winkt dich zu sich, und ihr geht ein Stück weg vom Lagerfeuer. Ein uralter Steinkreis eröffnet sich deinen erstaunten Augen.

»Die Karte des Medizinrads bringt die Gabe, zu erkennen und zu verstehen, wie du dich auf der Lebensreise weiterentwickelst, insbesondere durch Wissen und Urteilsvermögen.

Dies ist unser Medizinkreis oder, besser gesagt, Medizinrad. Für uns bedeutet es Lebensenergie – eine Blaupause der gesamten Lebenserfahrung. Wir treten in diese Welt zu einem bestimmten Zeitpunkt ein und reisen im Kreis, bis wir dort wieder ankommen, wo wir eingetreten sind. Dann gehen wir ›nach Hause‹. Unsere Lebensreise bietet uns unzählige Wege und Aufgaben, während wir den Kreis vollständig umwandern. Das Rad hat viele Energiepunkte auf seinem Umkreis. Sobald du dies erkannt hast, benutzt du das Rad, um deinen einzigartigen Weg, deine heilige Richtung, zu entdecken. Du bist dein eigener Ratgeber und Lehrer, der durch die Weisheit der Tiere und der Ältesten unterstützt wird.

Das ursprüngliche Rad, das man noch auf dem Land antreffen kann, ist riesig und hat viele Speichen. Jeder Stamm hat eine eigene Ausführung seines Medizinrads. Mein persönliches Rad hat nur sieben Steine und vier Farben – eine für jede Himmelsrichtung. Der Norden ist rot, der Süden schwarz, der Osten gelb und der Westen weiß. Ein Stein steht für den Schöpfer, ein anderer für Mutter Erde, ein weiterer für Vater Himmel. Das Medizinrad, das wir hier für das Legesystem mit den Karten benutzen, ist jedoch ein ›Regenbogen‹-Rad, das nicht stammesgebunden und so für alle Menschen geeignet ist.

Im Mittelpunkt des Rads besteht vollkommenes Gleichgewicht und Verbindung mit der Quelle, dem Großen Geist. Alle anderen Formen der Schöpfung befinden sich am Rand des Rads. Wir reisen um das Rad herum, um Lebenserfahrung zu sammeln, und kehren regelmäßig zum Mittelpunkt zurück, um sie zu integrieren.

Während du so betest, wie ich es dir beigebracht habe, mein Freund, kannst du dir neun Steine aussuchen. Lege sie in einem Kreis aus, in dem du selbst Platz hast, dich mit Rauch zu reinigen und dein Rad zu segnen. Trete ein über den Eingang im Osten, und spreche zum Schöpfer mit einer Prise Tabak. Bitte um Erlaubnis, bevor du all die Geister, Kräfte und Energien aus jeder Richtung anrufst.

Sei offen für das Wissen und die Gaben, die dir angeboten werden.«

DIE BOTSCHAFT DES MEDIZINRADS

»Dieses ist ein traumhafter Ort zum Beten, Meditieren, Trommeln, zur Heilung oder zum Eintritt in die Traumwelt. Nach dieser Zeremonie fange mit dem Medizinrad-Legesystem an. Die Zeremonien, die ich dir zeigen werde, finden innerhalb deines Rads statt, welches du drinnen oder auch draußen auslegen kannst. In der Mitte deines Rades wirst du immer geschützt sein.

Diese Karte gibt auch Klarheit über die Veränderungen, die du durchmachen mußt, um zu deiner wahren Ganzheit zu finden. Benutze die Abbildung des Medizinrads (siehe Seite 121), um den Verstand mit den Gefühlen und die Materie mit dem Geist auszugleichen, und stelle fest, in welchen Bereichen du nicht im Gleichgewicht bist. Studiere dieses Rad, so daß du mit den Eigenschaften jeder Richtung gut vertraut wirst.

Erscheint die Karte des Medizinrads umgekehrt, dann kläre, ob es ernste Ungleichgewichte in deinem Leben gibt. Du mißt z.B. vielleicht deinen analytischen oder unterscheidenden Fähigkeiten – dem Norden – zu viel Gewicht bei; oder du willst deine Gefühle und dein Herz – den Süden – nicht wahrnehmen; vielleicht bist du zu materialistisch geworden, oder der Kampf ums Überleben überfordert dich – der Westen; oder du hast vergessen, daß du auch Geist bist – der Osten. In jedem Fall ist es wichtig, immer auch die gegenüberliegende Seite des Rads zu betrachten, um die Eigenschaften zu erkennen, die du für dein Gleichgewicht benötigst.«

STUFE DES ÄLTESTEN

· TOTEMPFAHL ·

TOTEMPFAHL

*Abstammung. Mythologie.
Spiritualität.*

Totempfähle trifft man nicht nur vor Wohnhäusern an. Einige hat man auch in Wäldern entdeckt, an Orten, die heilig sind oder als Grabstätte gedient haben. Hier scheint der Mond durch das Blattwerk uralter Bäume auf den Totempfahl. Die feinen Schnitzereien stellen einige übernatürliche Tiere oder Totemgeister dar, jedes mit einer eigenen Persönlichkeit, aber trotzdem alle miteinander verwoben, um ein Gefühl für Wachstum, Evolution, Zeitlosigkeit und die Weisheit der Vorfahren zu vermitteln. Diese Art von Pfählen sind Denkmäler für Menschen oder besondere Ereignisse.

*Menschen, Tiere, Pflanzen, wir sind alle ein Wesen
Richtung, Sinn, Wissen, Erbe
Eine Entdeckung
An die man glauben kann*

Der Totempfahl erinnert dich an das Körperliche – an deinen Platz auf dem Weg des Lebens. Diese Karte fordert dich dazu auf, dein altes Wissen aus der Vergangenheit anzuwenden, um deine Gegenwart zu unterstützen und deine Zukunft aufzubauen. Komm! Wir fahren in das Waldland im Nordwesten, in das Land der Tsinglit, das an der Küste liegt. Riechst du den aromatischen, harzigen Geruch der hohen Zedern? Aus diesem Holz macht das Volk der Tsinglit seine schönen Schnitzereien und Totempfähle. Vor jedem Holzhaus steht ein beeindruckender Totempfahl, in den viele Tiere geschnitzt sind, eins über dem anderen. Auf der Spitze dieses Totempfahls sitzt ein Adler mit einem spitzen Schnabel und ausgebreiteten Flügeln.

Totempfähle dienen verschiedenen Zwecken. Sie können deinen Klan, deine Abstammung oder Geschichten und Legenden des Besitzers darstellen. Sie versinnbildlichen gesellschaftliche Strukturen, Mythologien und Spiritualität, aber nur die Ältesten kennen ihre wahre Bedeutung. Einige Totems dienten nicht nur der Abwehr des Bösen, sondern brachten auch Glück, erfolgreiche Jagd oder guten Fang.

Wir Indianer aus dem Nordwesten glauben, daß Tiere sich in Menschen und wieder zurück verwandeln können, und deshalb haben einige Schnitzereien ein menschliches Gesicht. Da wir Tiere als unseresgleichen erachten, die uns in einigen Bereichen sogar übertreffen, nehmen sie eine Ehrenstellung ein. Ihre Gaben werden z.B. dadurch anerkannt, daß man einem Tier ein Auge in sein Ohr schnitzt, wenn es einen besonders feinen Gehörsinn hat.

Wir sind jetzt bei einem Potlatch-Fest zur Errichtung eines neuen Totempfahls. Die Familie bereitet ein wunderschönes Fest vor, zu essen gibt es Rehfleisch aus dem Wald und Lachs aus dem Fluß, Früchte und selbstgemachtes Brot.

Beobachte den Kreis der Tänzer. Die zeremoniellen Kostüme sind sehr schön, einige Tänzer tragen sogar außergewöhnliche, farbige, kunstvoll geschnitzte Tiermasken. Jeder scheint gleichzeitig Geschenke zu verteilen und zu erhalten.

Der neue Pfahl ist mit Hilfe von vielen Händen und Seilen errichtet worden und steht jetzt fest auf seinem Platz. Jedes Gesicht strahlt vor Glück, daß die alten Bräuche wieder lebendig werden. Die weißen Missionare hatten die Totempfähle zerstört, weil diese von den Indianern verehrt wurden. Außerdem verbot die US-Regierung die Potlatch-Feste bis zum Jahr 1950.

Eine Tänzerin macht dir ein Geschenk: Sie erkennt deine Bemühungen, die Stufe des Ältesten zu erreichen, an. Nimm das Geschenk in Form einer Großmutter- oder Großvaterkarte an.

DIE BOTSCHAFT DES TOTEMPFAHLS

Der Totempfahl fordert dich dazu auf, die Richtung und den Zweck deines Lebens zu klären. Entdecke das Erbe aus deiner Abstammung und welche Gaben, Gebräuche und Einstellungen deiner Familie erhaltenswert erscheinen.

Im Idealfall sollte eine Familie eine Quelle von Wissen und Unterstützung sein. Wenn deine Familie dies nicht ist, schaffe dir deinen eigenen spirituellen Familienkreis oder schließe dich einem solchen an.

Der Totempfahl zeigt uns, daß wir als Menschen am unteren Ende des Pfahls, und nicht oben, sind. Die Tiertotems helfen uns, die jeweils nächsthöhere Stufe der Spiritualität zu erreichen. Haben wir diese erreicht, kann der nächste Totempfahl für die Energie und die Lehren der Pflanzen und Bäume stehen: Sie sind die ersten und ältesten Lebewesen auf der Erde.

Erscheint die Karte des Totempfahls umgekehrt herum, weist sie darauf hin, daß du den Pfad der Evolution zu sehr im Alleingang gehen willst. Achte deine Abstammung, und lerne von den Ältesten. Sei bereit, Unterstützung und Einsichten von Partnern, Freunden oder Familienmitgliedern anzunehmen. Wenn du ein Anführer bist, sei dabei kein Einzelgänger. Es ist nur zu leicht, den Pfad zu verlassen und entweder in Selbstsucht oder Erschöpfung zu verfallen.

WIE MAN DIE TOTEMKARTEN BENUTZT

Das Legesystem der Stufe des Ältesten spiegelt die spirituelle Reife wider. Viele grundlegende Fragen sind bereits auf den vorangegangenen Stufen beantwortet worden; viele Probleme sind schon gelöst. Auf dieser Stufe wirst du ein Lehrer für andere sein, ein Beispiel dafür, wie man auf Mutter Erde im Gleichgewicht lebt.

MEDIZINRAD

Dieses Legesystem wird angewendet, wenn man Führung braucht, besonders wenn es um bedeutende Entscheidungen oder Veränderungen geht. Es zeigt die ganze Palette von Möglichkeiten und Verknüpfungen auf allen Ebenen. Als Ältester kannst du sowohl die Lehrer aller drei Stufen zu deiner Hilfe heranziehen, als auch die Vier Himmelsrichtungen. Das Medizinrad enthält weitere Lehren und Gaben, die in den zwischen diesen Hauptrichtungen liegenden Himmelsrichtungen zum Ausdruck kommen.

Das Medizinrad wird dir helfen, die Lektionen und Lehren, die du auf körperlicher, geistiger, gefühlsmäßiger und spiritueller Ebene benötigst, zu erkennen, damit du die Reise um das Medizinrad des Lebens fortsetzen und die richtigen Entscheidungen fällen kannst.

Mische die Karten, getrennt nach Totems, Tieren, Großmüttern und Großvätern.

Lege die Karten gemäß Abbildung auf Seite 121 aufgedeckt folgendermaßen aus: Lege die vier Totemkarten beliebig auf die Positionen 1, 3, 5 und 7, d.h. auf die Richtungen Osten, Süden, Westen und Norden. Wähle dann zwei Tierkarten für die Positionen 4 und 8. Ziehe eine Großmutterkarte für Position 2 und eine Großvaterkarte für Position 6. Es ist wichtig, die Karten in dieser Anordnung auszulegen.

Die Fragen sind stets die gleichen, und jede bezieht sich auf eine bestimmte Himmelsrichtung.

DEUTUNGSBEISPIEL

Problem: Ich habe das Gefühl, daß ich auf spiritueller Ebene große Fortschritte gemacht habe. Ich habe ein interessantes Projekt im Bereich Umweltschutz bekommen, das meine schöpferischen Einfälle und meinen Mut auf allen Ebenen herausfordern wird. Ich fühle mich dem jedoch nicht gewachsen und bitte um Führung. – Im folgenden werden die Aussagen der ausgewählten Karten für dieses Beispiel gedeutet.

POSITION 1: Die Karte des Medizinrads bringt dir Gaben des Wachstums aus jeder Richtung, die dir auf deiner Lebensreise helfen. In diesem Fall liegt die Karte im Osten, der Ort der Erleuchtung, und deutet darauf hin, daß es um eine Zeit der Bewegung und Veränderung geht. Alles, was du brauchst, um die neue Herausforderung anzunehmen, trägst du bereits in dir.

POSITION 2: Der Südosten ist der Ort der Selbsterkenntnis. Großmutter Sternguckerin möchte dich auffordern, dein wahres Selbst zu erkennen und die einengenden Glaubenssätze, die du über dich und andere hast, aufzulösen. Andere müssen an dich glauben, um dir diese Gelegenheit zu geben.

POSITION 3: Die umgekehrt liegende Trommel-Karte im Süden bringt Energie und Bewegung dorthin, wo Stillstand oder Ängstlichkeit herrschen. Sie deutet an, daß du zuwenig Selbstvertrauen hast und dich von deinen Ängsten zurückhalten läßt. Wenn du wieder kindliche Freude und Begeisterung in deinem Leben empfinden kannst, wird alles ins Fließen kommen, und deine Ängste werden sich auflösen.

POSITION 4: Der Südwesten ist der Ort der Träume und Visionen. Der Bär, als Träumer und Seher, will dir hier weiterhelfen. Es ist an der Zeit, deine Träume aufzuschreiben oder deine Visionen ins praktische Leben umzusetzen. Du wirst daran erinnert, dir Zeiten der Ruhe und Besinnlichkeit zu gönnen, damit weitere Ideen keimen können.

Stufe des Ältesten

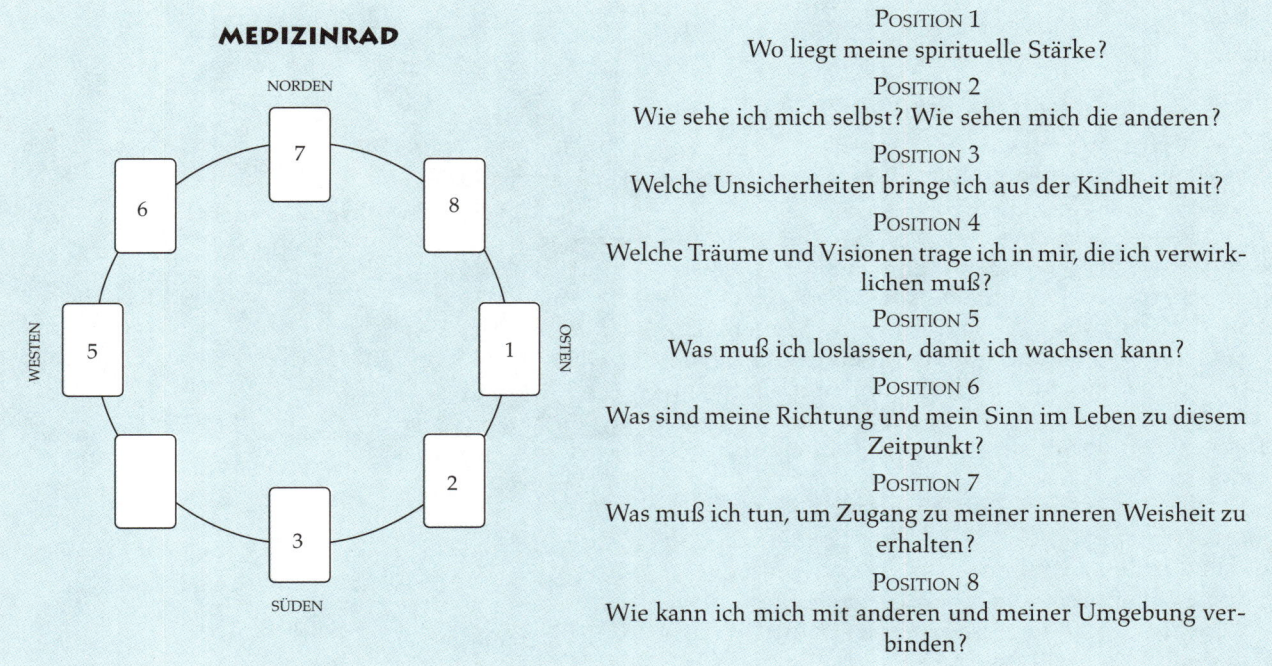

MEDIZINRAD

POSITION 1
Wo liegt meine spirituelle Stärke?

POSITION 2
Wie sehe ich mich selbst? Wie sehen mich die anderen?

POSITION 3
Welche Unsicherheiten bringe ich aus der Kindheit mit?

POSITION 4
Welche Träume und Visionen trage ich in mir, die ich verwirklichen muß?

POSITION 5
Was muß ich loslassen, damit ich wachsen kann?

POSITION 6
Was sind meine Richtung und mein Sinn im Leben zu diesem Zeitpunkt?

POSITION 7
Was muß ich tun, um Zugang zu meiner inneren Weisheit zu erhalten?

POSITION 8
Wie kann ich mich mit anderen und meiner Umgebung verbinden?

POSITION 5: Die umgekehrt liegende Karte der Schwitzhütte im Westen teilt dir mit, daß es Dinge in deinem Leben gibt, von denen du dich befreien solltest, besonders von den alten, liebgewonnenen Gewohnheiten. Die Schwitzhütte drückt aus, daß jeder in irgendeiner Art und Weise Heilung benötigt und daß du nicht perfekt zu sein brauchst.

POSITION 6: Im Nordwesten regieren die heiligen Gesetze und Strukturen. Der Hüter der Geschichte in dieser Position läßt dich erkennen, ob Richtung und Zweck deines Lebens mit deinen höchsten und besten Absichten übereinstimmen. Dafür ist es notwendig, Gebete zu sprechen und die Verbindung zum Großen Geist zu suchen. Dies wird durch das Geschenk der Feder zum Ausdruck gebracht.

POSITION 7: Der Totempfahl im Norden fordert dich auf, deine innere Stimme wahrzunehmen. Du weißt, daß du richtig liegst, wenn du deiner Intuition folgst.

POSITION 8: Der Nordosten ist der Ort, an dem du deine Energie einsetzen kannst. Die Spinne hier webt spiralförmige Muster, die dich daran erinnern, daß alles ein Teil des gesamten Netzes ist. Wenn du dieses Bewußtsein in deine Tätigkeit im Umweltschutz einfließen läßt, arbeitest du dadurch mit anderen Lebensformen zusammen, die dich wiederum unterstützen werden.

Du kannst dich auch in die Mitte des Medizinrads setzen und eine bestimmte Richtung, auf die du dich eine Weile lang konzentrierst, aussuchen, um die entsprechenden Lektionen aufzunehmen und zu verarbeiten. Diese spezielle Auswahl von Karten macht das ganze Legesystem zu einer lebendigen Lehre, die sich auf Leben, Wachstum, Wandlung und Chancen auswirkt.

HEILIGE PFEIFE

Dieses Legesystem ist dazu geeignet, Ungleichgewichte zwischen deinen männlichen und weiblichen Eigenschaften aufzudecken.

Die Pfeife symbolisiert die Vereinigung und Ausgewogenheit zwischen den männlichen und weiblichen Gegenpolen. Der Pfeifenkopf steht für das weibliche, der Pfeifenhals für das männliche Element. Die beiden Teile werden meist getrennt eingewickelt und nur für die Zeremonien ineinander gefügt. Es gibt allerdings auch Indianer, die die Pfeife zusammengesetzt und gefüllt mit sich tragen, um immer für den Notfall gerüstet zu sein.

Sortiere die Totem-, Tier-, Großmutter- und Großvaterkarten, und mische sie. Lege die Karten verdeckt aus, und wähle zwei Großvater-, zwei Großmutter- und eine Totemkarte beliebig aus. Lege sie dann aufgedeckt in die Anordnung, die in der nebenstehenden Abbildung dargestellt ist, und hebe jeweils eine Karte hoch, während du die dazugehörige Frage stellst.

Die Karten 1 und 2 stehen für den Pfeifenhals, und es sind die Großväter, die Fragen 1 und 2 beantworten. Die Karten 3 und 4 stehen für den Pfeifenkopf, und deshalb beantworten die Großmütter die Fragen 3 und 4. Die Karte 5 symbolisiert den aufsteigenden Rauch, das aufsteigende Gebet. Hier ist also die Aussage der Totemkarte gefragt.

DEUTUNGSBEISPIEL

Entsprechend den fünf ausgewählten Karten werden folgende Antworten gegeben.

POSITION 1: Großvater Sonnentänzer erinnert dich daran, daß du alle Energie und Ausdauer hast, um dein Leben auf positive Weise zu »tanzen«.

POSITION 2: Großvater Hüter der Geschichte als umgekehrt liegende Karte fragt dich, ob du möglicher-

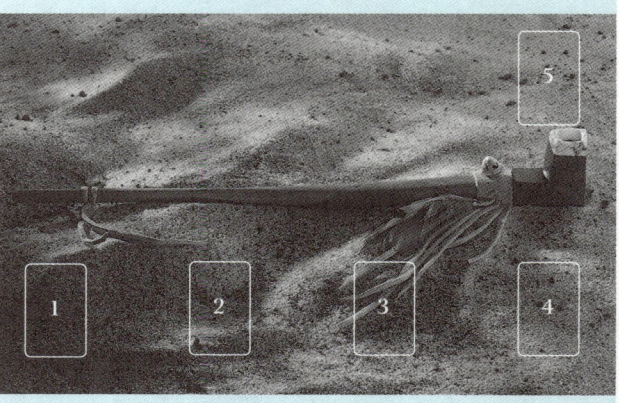

HEILIGE PFEIFE

POSITION 1
Welche positiven Eigenschaften muß deine männliche Seite entwickeln? Nimm eine Großvaterkarte.

POSITION 2
Welche positiven Eigenschaften fehlen deiner männlichen Seite? Nimm die zweite Großvaterkarte.

POSITION 3
Welche positiven Eigenschaften muß deine weibliche Seite entwickeln? Nimm die Großmutterkarte.

POSITION 4
Welche Eigenschaft oder Eigenschaften fehlen deiner weiblichen Seite? Nimm die zweite Großmutterkarte.

POSITION 5
Welche Eigenschaft kann deine männlichen und weiblichen Aspekte ausgleichen und dich mit deinem höheren Geist verbinden?
Ziehe eine der vier Totemkarten.

weise faule Kompromisse eingegangen bist. Benutze deinen männlichen Mut, um dich den Herausforderungen direkt zu stellen.

POSITION 3: Großmutter Medizinfrau fordert dich auf, deine Verbindung mit Mutter Erde zu erneuern und deine weibliche Seite zu achten.

POSITION 4: Liegt die Karte von Großmutter Sternguckerin umgekehrt herum, weist sie darauf hin, daß du dich zu sehr an materielle Dinge gebunden hast. Nimm dir die Zeit, um auf deine Intuition zu hören.

POSITION 5: Die Trommel bringt Energie, Rhythmus und Harmonie. Bleibe in Bewegung, beharre nicht auf ein Übermaß an Arbeit oder Aktivität – die männliche Energie. Gebe dir Zeit »zu sein«, zu ruhen, dich aufzuladen und zu erneuern – die weibliche Energie. Somit findest du die Ausgeglichenheit zwischen deinen männlichen und weiblichen Aspekten.

ZEREMONIE DER EINWEIHUNG

Dieses Legesystem dient deiner Suche nach spirituellem Wachstum und Verständnis.

Im täglichen Leben werden uns immer wieder Mutproben und Prüfungen auferlegt, in denen wir unser Pflichtgefühl und unsere Wahrheitsliebe beweisen können. Man kann diese Situationen als Einweihungen verstehen, durch die wir Kraft, Bewußtheit und Selbstverantwortung erhalten. Es gibt sogar Ereignisse, die so bedeutend sind, daß wir sie als Wendepunkte in unserem Leben erkennen. Für solche Fälle ist das Legesystem der Einweihung geeignet, das dann mehr Einsicht und Klarheit bringt. Verwende deine Intuition, um die Aussagen jeder Karte zu verstehen: Nur du kennst ihre tiefere Bedeutung.

Mische die Karten in der üblichen Weise, und ziehe eine Großmutter-, eine Großvater- und zwei Totemkarten. Lege sie aufgedeckt in Form eines sechseckigen Sterns aus, wie die nebenstehende Abbildung zeigt. Sterne sind oft auf Jacken und Schilden der Indianer abgebildet. Das Sternenmuster enthält

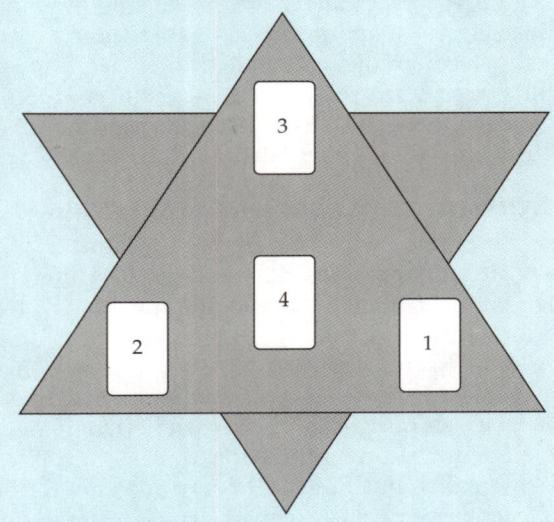

ZEREMONIE DER EINWEIHUNG

POSITION 1
Die notwendigen Lektionen, um gegenwärtige Einschränkungen auf körperlicher Ebene zu klären.
Lege dazu eine Totemkarte.

POSITION 2
Die notwendige Handlung, um Beschränkungen auf der unterbewußten und der gefühlsmäßigen Ebene aufzudecken und zu klären.
Lege dazu eine Totemkarte.

POSITION 3
Die notwendigen Gaben, um deine Intuition zu wecken. Lege dazu eine Großmutterkarte.

POSITION 4
Der weise Ratgeber, der dich zur nächsten Ebene führt. Lege dazu eine Großvaterkarte.

einen Zauber, und sie fühlen sich dadurch mit der Gemeinschaft der Sterne verbunden.

Die Legesysteme auf dieser Stufe sind besonders dafür geeignet, deine intuitiven Fähigkeiten zu entwickeln. Übersinnliche Gaben werden langsam geweckt. Sie sind uns im Vertrauen auf unsere Integrität gegeben. Bedenke, sie mit Achtung und Rücksicht einzusetzen, wenn andere deinen Rat suchen.

ZEREMONIE DES GESAMTEN SPEKTRUMS

Diese Zeremonie wird nur einmal im Jahr durchgeführt. Sie ist dann sinnvoll, wenn du die Unterstützung von sämtlichen Tieren, Großmüttern, Großvätern und Totems suchst.

Alle 46 Karten werden dazu benutzt. Wenn du dich in die Mitte dieses vollständigen Medizinrads setzt, ist es, als ob dir all diese Wesen helfen. 14 davon werden deine besonderen Helfer sein.

Reinige dich mit Rauch. Reinige auch die Karten, und lege sie verdeckt in genau der Anordnung aus, wie es die Abbildung auf Seite 125 zeigt. Lege die vier Totemkarten als äußere Begrenzung des Kreises in die vier Himmelsrichtungen; laß dabei genug Raum, um alle anderen Karten innerhalb dieser vier auslegen zu können. Lege dann alle Tierkarten in einem Kreis aus. Ziehe eine Großmutter- und eine Großvaterkarte für die Mitte. Bilde mit dem Rest der Großmutter- und Großvaterkarten gleichmäßig einen Kreis innerhalb des Tierkarten-Kreises.

Drehe jetzt nur die vier Karten der Totems, der Tiere und der Ältesten aus den vier Himmelsrichtungen um. Decke dann die Großmutter- und Großvaterkarte in der Mitte auf. Dann hast du deine 14 Karten.

Setze dich in die Mitte deines Rads. Fange im Osten an, schließe deine Augen und rufe das Tier, die Großmutter oder den Großvater an, so, wie sie vor dir liegen. Stelle sie dir im Geist vor, und frage, ob sie eine besondere Lektion für dich haben. Mache dasselbe mit jeder weiteren Richtung, und drehe dich dabei im Uhrzeigersinn. Stelle eine eigene Verbindung mit der Großmutter und dem Großvater in der Mitte her. Zeichne dieses Rad in dein spirituelles Tagebuch, mit allen Wesen in ihren jeweiligen Positionen. Lasse die Lehren dann in dir hochsteigen, während du über die Karten meditierst.

Im folgenden wird die Bedeutung der Positionen der Karten erläutert.

POSITION 1: Die Totemkarte im Osten führt deine Seele.

POSITION 2: Die Totemkarte im Süden begleitet dein Wachstum und deine Entwicklung.

POSITION 3: Die Totemkarte im Westen fördert deine Intuition.

POSITION 4: Die Totemkarte im Norden zeigt die Lehren und Aufgaben, die du brauchst.

POSITION 5: Die Tierkarte im Osten ist dein Schutzgeist.

POSITION 6: Die Tierkarte im Süden schützt dein Vertrauen und deine Ursprünglichkeit.

POSITION 7: Die Tierkarte im Westen schützt dich auf deinen Reisen in andere Welten.

POSITION 8: Die Tierkarte im Norden schützt dich im kommenden Jahr.

POSITION 9: Die Großmutter- oder Großvaterkarte im Osten bringt dir ihre Gaben und ihren Geist, um dir zu helfen.

POSITION 10: Die Großmutter- oder Großvaterkarte im Süden bringt dir ihren Geist, um mit deinem inneren Kind zu spielen.

POSITION 11: Die Großmutter- oder Großvaterkarte im Westen nährt deine innere Traumwelt.

POSITION 12: Die Großmutter- oder Großvaterkarte im Norden bringt die Gaben und das Wissen der Vorfahren.

POSITION 13: Die Großvaterkarte in der Mitte ist der Lehrer deiner männlichen Seite.

POSITION 14: Die Großmutterkarte in der Mitte ist die Lehrerin und Beschützerin deiner weiblichen Seite.

Wir werden jetzt noch auf einige andere Zeremonien und Rituale aus unseren Traditionen eingehen.

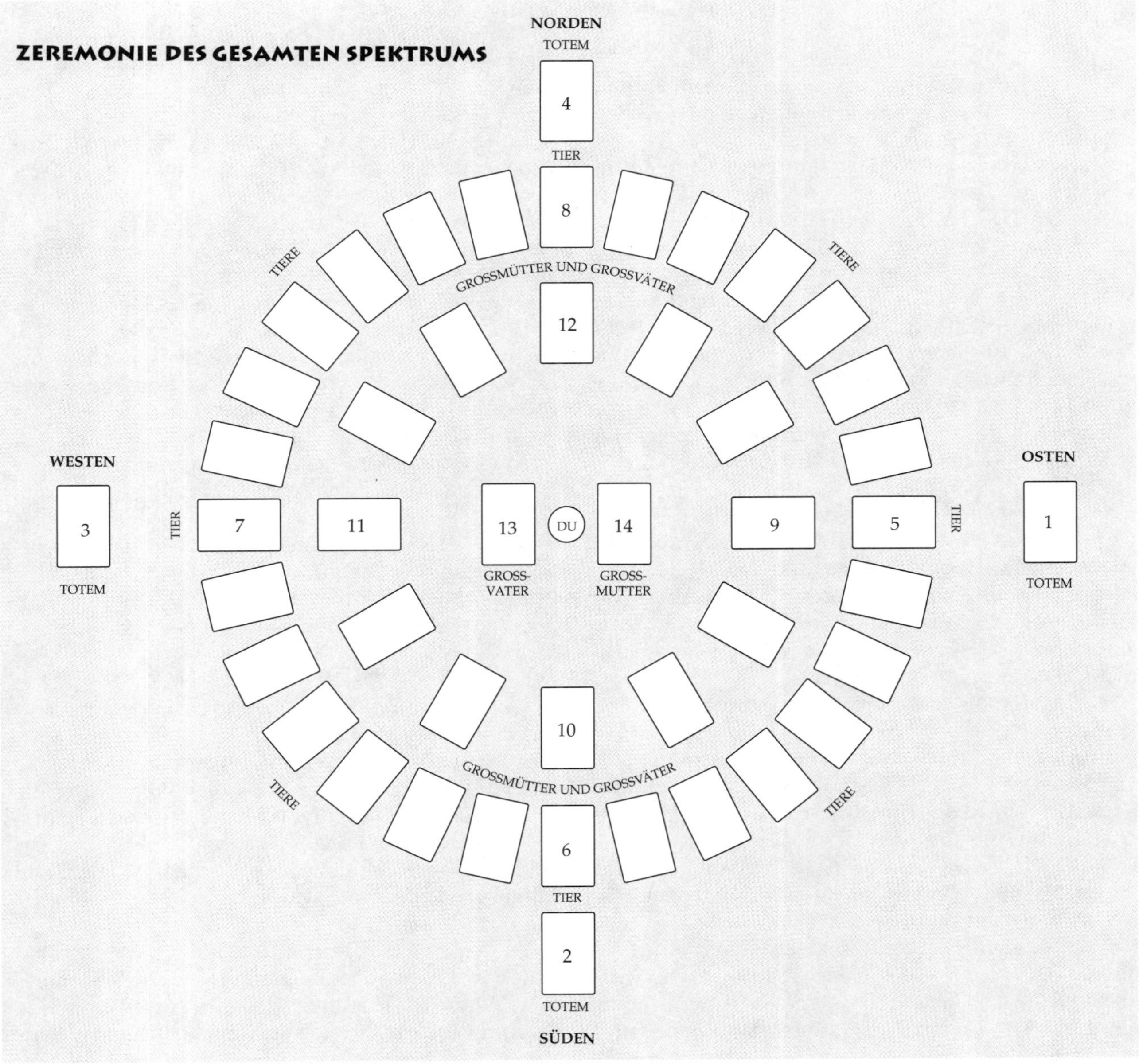

Stufe des Ältesten

ZEREMONIE DES GESAMTEN SPEKTRUMS

NORDEN
TOTEM
4
TIER
8
GROSSMÜTTER UND GROSSVÄTER
12

TIERE

WESTEN
TOTEM
3
TIER
7   11   13 (GROSSVATER)   DU   14 (GROSSMUTTER)   9   5
TIER

OSTEN
1
TOTEM

TIERE

10
GROSSMÜTTER UND GROSSVÄTER
6
TIER
2
TOTEM

SÜDEN

ZEREMONIEN UND RITUALE

Wa-Na-Nee-Che ruft dich zu sich.

»Laß uns zum Fluß spazieren, mein Freund, während wir über Zeremonien und Rituale sprechen. Das wird meine letzte Lehre sein.

Zeremonien und Rituale sind ein wichtiger Bestandteil im Leben von uns Indianern, wie dies in allen alten Zivilisationen der Fall war. Für alle bedeutsamen Phasen im Leben, von der Geburt bis zum Tod, haben wir entsprechende Zeremonien. Sie sind ein Weg, um mit dem Großen Geist in Verbindung zu treten, um Schönheit und Hingabe zu entwickeln. Sogar die einfachsten Dinge wie z. B. die Nahrung werden durch zeremonielle Segnungen und Danksagungen zu etwas Heiligem.

Ich werde dir jetzt einige unserer Wege zeigen. Du wirst mit der Zeit lernen, deine eigenen zu finden.«

GESTALTUNG EINES ALTARS

»Spirituelle Menschen haben überall auf der Erde Altare und heilige Stätten errichtet, als Orte der Kraft oder zur Ehrung eines Schöpfers. Es gibt Altare, die Heilung oder Schutz spenden. Sie können die Form eines Medizinrads oder Mandalas oder eine ungleichmäßige Anordnung einnehmen.

Mein Freund, wie würdest du denn einen Altar einrichten? Und wie würdest du ihn benutzen? Ein persönlicher Altar kann aus deinen Medizinwerkzeugen bestehen – Rassel, Feder, Salbei und Zedernholz, Kristalle, Felle und Steine. Lege sie alle so hin, daß sie in Beziehung zueinander treten, damit ein Energiefeld entsteht. Das Tuch oder Fell, auf dem die Dinge liegen, ist auch sehr wichtig. Es sollte Kraft ausstrahlen, jedoch nicht mehr als der Altar selbst.

Reinige alles mit Rauch, und bitte um Energie für deinen Altar. Kein anderer darf ihn benutzen. Er ist eine Quelle der Konzentration und Kraft für dich und ein guter Ort für die Meditation. Die Gegenstände werden vielleicht von Zeit zu Zeit ausgetauscht. Es kann ein beweglicher Altar sein: Wo immer du ihn aufstellst ist sein ›Zuhause‹. Ein Gartenaltar aus wunderschönen großen und kleinen Steinen, ungewöhnlichen Pflanzen und anderem mehr stellt eine Gedenkstätte für Mutter Erde und die Naturgeister dar.

Ein Medizinrad-Altar kann aus schönen Kristallen bestehen, die in die Vier Richtungen gelegt werden, mit einem Quarzkristall in der Mitte, um dein heiliges Selbst darzustellen. Auch kleine Figuren oder Schnitzereien deiner Helfer können dazugehören. Dieser Altar kann dir die nötige Energie für deine Wandlung und für die Schaffung eines Gleichgewichts in bestimmten Bereichen deines Lebens, die noch nicht ausgewogen sind, liefern.

Jede Art von Altar kann für Zeremonien verwendet werden. Es ist wichtig, sich in Einklang mit den Zyklen der Planeten zu bringen und die Sonnenwenden und die Tagundnachtgleichen zu feiern. Wir Indianer glauben, daß zu diesen Zeitpunkten bestimmte Energieströme der Erde und des Himmels freigesetzt werden.«

ZEREMONIE DER ENTSCHEIDUNG

»Eine wichtige Entscheidung zu fällen kann manchmal ein großes Problem sein: Mal kommt die Antwort vom Kopf, mal kommt genau die gegenteilige vom Herzen. Das Ergebnis ist völlige Verwirrung, die einen erschöpft. Die Antworten müssen von unserem höheren Geist kommen – von dem Teil in uns, der unseren ausgewählten Lebensweg, unsere Gaben und Aufgaben ›kennt‹, ja sogar schon kannte, bevor wir zur Welt kamen.

Wenn du dich in einer Entscheidungssituation befindest, schreibe dein Problem auf ein Stück Papier auf. Ziehe eine Tierkarte, eine Großvater- und eine Großmutterkarte, reinige dich mit Rauch, werde ruhig, und finde zu deiner Mitte.

Schließe die Augen, und visualisiere, wie du zum Stein-Medizinrad gehst, die Schutzgeister des Rads um Erlaubnis bittest und dann in Achtsamkeit und Ruhe den Kreis betrittst. Bewege dich in dem Kreis, und setze dich zu einem Stein der vier Himmelsrichtungen, der dich anzieht. Rufe die Kräfte und Geister dieser Richtung an. Schau dir die Großmutter- oder Großvaterkarte an, und rufe auch ihren Geist an.

Beschreibe dein Problem, und nimm dir genügend Zeit dafür. Die Antwort kann sich in Form eines Gefühls, eines ›Wissens‹ oder einer zarten, inneren Stimme zeigen. Vielleicht geben dir Großmutter oder Großvater einen Rat. Wundere dich nicht, denn du hast in Wirklichkeit einen der Weisen aus den lichtvollen Bereichen der geistigen Welt angerufen.

Nachdem du die Botschaften und Unterweisungen erhalten hast, stelle dir vor, wie du dich dabei fühlst, wie das Ergebnis deiner Entscheidung aussieht, welche Veränderungen du möglicherweise vornehmen mußt und wie sich alles auf dein Zuhause, deine Umgebung, deine Gesundheit und deinen allgemeinen Zustand auswirkt.

Hast du dir ein klares Bild von all diesen Möglichkeiten gemacht, schau dir die Tierkarte an, um zu erfahren, welche Fähigkeiten und Stärken du einsetzen solltest. Bedanke dich danach bei allen Wesen und Kräften, die dir geholfen haben.«

ZEREMONIE DER VISIONSSUCHE

»Der Himmel scheint unendlich, die Sonne scheint dir auf den Rücken, und die mit Gras bewachsene Ebene erstreckt sich hinter dir. Vor dir erscheint ein Erdhügel: Größer als ein Hügel, aber kleiner als ein Berg, liegt er dort alleine, wie ein schlafender Bär in der Prärie. Wir nennen ihn den Berg des Geistes. Er ist ein sehr heiliger Ort, ein Ort der Visionssuche, nicht nur für die Lakota-Sioux, auf deren geschichtsträchtigem Land in South Dakota er sich befindet, sondern auch für viele andere Stämme.« Wa-Na-Nee-Che zeigt auf Felsen und Bergspitzen.

»Jetzt ist die Zeit für dich gekommen, diese Reise anzutreten. Nur Indianer dürfen dieses Gebiet betreten, aber du kannst in deinem Geist reisen. Ich werde dir den Weg zeigen und mit dir geistig in Verbindung bleiben, hier von der Basis aus, in der Nähe der Schwitzhütte und des heiligen Feuers. Die Tradition sieht eine Vier-Tage-Vier-Nächte-Zeremonie vor, ohne Nahrung oder Wasser. Du nimmst nur dich selbst mit, vielleicht noch etwas Salbei und Tabak. Nichts soll dich ablenken.

Du bist durch die Schwitzhütte gereinigt. Der Tag bricht an, und du beginnst den Aufstieg. Spüre die Energieströme – ein großer Teil des Berges besteht aus Quarzkristallen. Du entdeckst vielleicht einen Adler oder Bussard, der dich zu deinem ganz eigenen Kraftort führt. Wenn du dort ankommst, reinige diesen Ort mit Rauch, streiche die Erde glatt, lege ein Medizinrad aus Steinen, und kennzeichne jede der Vier Richtungen. Das Medizinrad sollte so groß sein, daß du dich hineinsetzen oder auch hineinlegen kannst, um dich manchmal ein wenig auszuruhen. Du solltest allerdings nachts die meiste Zeit wach bleiben, um dich mit den Gemeinschaften der Sterne, die sich über dir am Himmel zeigen, zu verbinden.

Danke Mutter Erde und dem Geist des heiligen Berges, daß du diese Gelegenheit bekommen hast. Spreche mit den Steinen, Bäumen, Pflanzen und Gräsern um dich herum. Erzähle ihnen von deiner Absicht. Sie werden dich mit aller Liebe unterstützen. Nimm etwas Tabak, und streue ihn außen um dein Medizinrad herum. Bitte um Schutz während deiner Visionssuche. Rufe den Großen Geist, Vater Himmel und Mutter Erde an. Stelle dich in jede der vier Himmelsrichtungen, und bitte um ihre heiligen Kräfte.

Spreche deine Gebete mit Tabak, indem du für jedes einzelne eine Prise Tabak ausstreust. Bitte dein Krafttier, bei dir zu sein. Sei dir meiner Energie und Gedanken bewußt, ich werde unten, vom Lager aus, meine Aufmerksamkeit auf dich richten und wissen, was du durchmachst. Dein Verstand wird viele Gedanken erzeugen. Es dauert lange, bis er ruhig wird. Hunger und Durst werden deinen Mut herausfordern, aber du wirst dich klar fühlen. Nach einer Weile wird der Geist von Mutter Natur dein Wesen erfüllen und dir Frieden bringen.

Dann kommt der Zeitpunkt zurückzukehren. Du segnest alles, was dich umgibt, bedankst dich und gehst den Weg hinunter. Unten angekommen, empfange ich dich und bemerke etwas in deinen Augen, eine Veränderung, die deine gesamte Person ausstrahlt. Wir sprechen ruhig über deine Erfahrung und klären einige Dinge, die dir nicht verständlich waren.

Benutze diese innere Reise dazu, Erkenntnisse und Weisheiten zu erhalten. Lese die Anleitungen in diesem Buch, und stelle dir die Reise immer wieder im Geist vor, bis sie klar erkennbar wird.

Bereite deinen heiligen Ort vor. Gib jemandem Bescheid, wo du bist und wann du zurückkommst – üblich ist die Zeit von Sonnenuntergang bis Sonnenaufgang. Noch besser wäre es, wenn dich ein Freund, der die Eigenschaften eines Kriegers des Geistes hat, in Hörweite unterstützen könnte. Oder du machst die Visionssuche mit mir und meinen Helfern. Wir stehen immer bereit, dich auf dieser Reise zu führen.

Und jetzt, mein Freund, kommt deine letzte Zeremonie.«

ABSCHLUSSZEREMONIE

Wa-Na-Nee-Che verschwindet in seinem Tipi und kommt nach einer Weile in seiner zeremoniellen Kleidung und mit seinem Medizinbeutel wieder heraus. Die Dämmerung bricht an, und er winkt dir, ihm zu folgen. Ihr geht einen Pfad entlang, den du bisher noch nie bemerkt hast. Du spürst, wie leise Aufregung vor dem Unbekannten in dir aufsteigt.

All deine Sinne sind hellwach, während du mit ihm durch den silbernen Beifuß läufst. Es ist, als ob jeder Baum und jeder Stein dich rufen, und du fühlst einen Kraft- und Energiestrom durch die Erde laufen. Es wird etwas Besonderes passieren in dieser Schlucht aus roten Felsen. Plötzlich hört der Wüstenwind auf zu wehen, und es herrscht eine gespannte Stille.

»Mein Freund, du bist jetzt einer der ›erwachten‹ Menschen geworden. Ich sehe, daß du dir der heiligen Kraft dieses bedeutenden Ortes bewußt bist, daß du die unsichtbare Gegenwart der Wesen und die Botschaften, die dich durch das Gewebe der Schöpfung erreichen, wahrnimmst. Wir haben diese Reise zusammen unternommen – vielleicht drei Jahre lang, eine ideale Zeit, um sich mit den Lehren auseinanderzusetzen. Wir bezeichnen diese Zeremonie als die Abschlußfeier.«

Wa-Na-Nee-Che schaut dich aus seinen dunkel blitzenden Augen an. Ehrfurchtsvoll rollt er den Medizinbeutel auseinander, und eine Hirschledertasche, die reich mit Perlen verziert ist, kommt zum Vorschein. Er zieht eine uralte, wunderschön geschnitzte Pfeife aus ihr heraus. Er fängt an, die Pfeife mit Tabak zu stopfen und spricht dabei viele Gebete.

»Wir werden sie zusammen in der traditionellen Weisen rauchen. Diese Zeremonie ist für dich. Ich bete zum Schöpfer, er möge dir eine Vision, Weisheit, Mut und Erkenntnis bringen – damit du nicht nur dir selbst helfen kannst, sondern auch anderen durch Einsicht in ihre Herzen und Verständnis ihrer Bedürfnisse. Ich bete zu unserer Mutter Erde, sie möge dich lieben und nähren, dich das Mitgefühl und die Achtung vor dir selbst und anderen lehren. Ich rufe die Kräfte des Nordens, Südens, Ostens und Westens an, dich mit ihren Lebensenergien zu beschenken.«

Deine Augen wandern mit dem Rauch des süßriechenden Tabaks nach oben. Wa-Na-Nee-Che reicht dir die Pfeife, und du betest aus tiefstem Herzen.

»Wir machen keine Lungenzüge. Bringe die Pfeife einfach zwischen deine Lippen. Ich werde dir jetzt deinen Medizinnamen geben. Wenn du ihn hörst, wird er in deinem tiefsten Inneren etwas zum Schwingen bringen und dir deine ganze Essenz enthüllen. Denke daran, wenn du mit mir persönlich arbeiten möchtest, stehe ich dir zur Verfügung.«

NACHWORT

Wa-Na-Nee-Che lächelt. »Wir sind jetzt beide am Ende unserer Reise angelangt, mein Freund. Meine Lehren enthalten meine Energie, die dich in dieser Phase der Entdeckung und des Wachstums unterstützt hat. Laß uns deine Schritte nochmals zusammenfassen.

Auf der Stufe des Lehrlings hast du dich mit den Schwierigkeiten und Herausforderungen in deinem Leben auseinandergesetzt. Die äußeren Gegebenheiten lassen sich leicht feststellen, aber weniger leicht bewältigen. Denn dafür muß man normalerweise ehrlich mit sich selbst sein, muß seine Grenzen und seinen persönlichen Raum klar abstecken. Die inneren Herausforderungen sind schwieriger anzunehmen, da man dazu das Licht der Wahrheit nach innen richten muß, um die Verhaltensmuster und Gefühle, die man nicht als die eigenen anerkennen will – die Schattenseiten – zum Vorschein zu bringen.

Du hast mit Humor und Mitgefühl erkannt, daß keiner vollkommen ist. Bringe deine Schattenseiten ins Licht, damit sie mit Hilfe deiner Tierfreunde geheilt werden können.

Auf der Stufe des Schülers warst du bereit, deine Gaben anzunehmen und einzusetzen – sogar die verborgenen Fähigkeiten, die du kaum gewagt hast zu besitzen. Du hast das Bewußtsein für deine Verbundenheit mit allem Leben, mit Mutter Erde und ihren Kindern, entwickelt; dein Leben ist reicher und magischer geworden. Selbsterkenntnis und das Wissen um die Geistenergie in jedem Stein, Baum, Fluß und jeder Wolke sind Teil deiner Suche gewesen.

Auf der Stufe des Ältesten ist die Einsicht entstanden, daß alle Menschen und Gegebenheiten ein inneres Wesen haben. Du bist über die Grenze des Faßbaren, der sogenannten realen Welt, hinausgegangen. Du hast erkannt, daß du mit der Schöpfung vernetzt bist, du weißt um die Wirkung deiner Energie auf andere und auf jeden Teil des gesamten kosmischen Gewebes und daß auch du von den feinen Schwingungen, die dich umgeben, beeinflußt bist.

Die Zeremonie hast du als etwas Lebendiges in dein tägliches Leben eingebaut, da sie eine grundlegende Möglichkeit der Kontaktaufnahme mit diesen Energien ist.

Dir ist klar geworden, daß du dich auf einem Weg der Schönheit, der Harmonie und der Achtung gegenüber allem Leben befindest. Du besitzt ein Wissen, das jenseits vom normalen Verstand liegt, du erkennst immer mehr, daß du nicht nur für deine persönliche Bereicherung auf dieser Erde bist, sondern um anderen Menschen, die ihren Weg suchen, als Wesen des Lichtes und der Einheit zu helfen. Aus Demut und Mitgefühl bietest du das an, was du zu geben hast. Vor allem weißt du, daß die unendliche Kraft und Energie, die durch dich fließen, ein Geschenk des Lebens und der Schöpfung sind.

Laß uns jetzt noch einmal zusammen um das Medizinrad gehen. Es stellt den Kreis des Universums dar, der alles Leben auf dieser Erde und dein eigenes, einzigartiges Leben umfaßt.

Bewege dich immer im Bewußtsein dieses Kreises: Er wird dir helfen, dich lehren und erziehen, bis du selbst im Kreis aufgehst ... Lebe wohl!«

Wa-Na-Nee-Che betritt die Mitte des Medizinrads, wo ein heiliges Feuer brennt, und verschwindet im Licht der Flammen.

GLOSSAR

Appaloosa-Hengst: Pferderasse aus Nordamerika, durch Kreuzung einheimischer und spanischer Pferde entstanden. Der Appaloosa ist sehr widerstandsfähig, hat runde Augen, rosafarbene Haut und dunkle Hufe. Er hat sieben verschiedene Zeichnungen, z. B. die Schneeflocken, die Leoparden-Flecken oder die ovale Zeichnung.

Catlinit: weicher, roter Stein, der im Steinbruch von Pipestone, einem Ort in den USA, vorkommt. Eine Legende erzählt, daß er aus dem Blut eines Stammes, der dort seinen Tod fand, geformt wurde.

Feuer der Kinder: Eines der wichtigsten Gesetze der Indianer, daß Kindern niemals Schaden zugefügt wird. Das Feuer der Kinder ist somit ein gesegnetes Feuer und steht für Schutz und höchste Einheit.

Kindertrage: kleiner, mit Fellen überzogener Rahmen und einer Öffnung, durch die das Baby bequem in die Kindertrage eingebettet werden kann. Die Mutter kann es somit auf ihrem Rücken tragen.

Heyoka: ein Gauner.

Hishi-Stränge: Muscheln, die ganz fein zermahlen werden, um sie zu winzigen Perlen zu verarbeiten.

Hogan: Name für das Haus der Navajos; es ist rund und aus Holz und Lehm gebaut.

Langhaus: Bezeichnung für eine aus Holz gebaute zeremonielle Versammlungshütte für das ganze Dorf. Dieser Name wird von Stämmen der nördlichen Waldgebiete benutzt.

Peyote: Ein halluzinogener Pilz, der in Zeremonien eingesetzt wird, um in Verbindung mit dem Göttlichen zu treten. Er wird nur in kleinen Dosen genommen.

Potlatch: Ein Fest, bei dem die wertvollsten Geschenke gemacht werden, um damit das hohe gesellschaftliche Ansehen des Gastgebers zu bestätigen. Das Fest wird auch zur Errichtung eines neuen Totempfahls gehalten.

Tabla-Kopfschmuck: Ein flacher Kopfschmuck, der je nach Zweck der Zeremonie mit Symbolen und Farben bemalt ist. Er wird hauptsächlich von Tänzerinnen getragen.

Wigwam: indianische Bezeichnung für eine Hütte oder Wohnung.

INDIANERSTÄMME

Als die Weißen in Nord- und Südamerika eintrafen, lebten dort viele verschiedene Stämme, von denen es heute nur noch wenige gibt. Sie sind es, die über das ursprüngliche Wissen und die Weisheit ihrer Vorfahren verfügen. Die folgenden Eintragungen betreffen nur die Stämme, die auf den Großmutter- und Großvaterkarten genannt sind.

Apachen: großer Nomadenstamm in Arizona, New Mexico, Oklahoma und Texas. Sie lebten in kegelförmigen Tipis oder kuppelförmigen Hütten aus Baumrinde, Stroh oder Fellen, sammelten wilde Pflanzen und jagten Kleinwild.

Blackfoot: heimisch im Flachland und der Prärie von Montana und im südlichen Alberta (Kanada). Sie lebten in Tipis und ernährten sich von Großwild und Büffeln.

Cherokee: aus dem Südosten der USA – North und South Carolina, Georgia und Tennessee; sie lebten in rechteckigen Strohhütten, ernährten sich von Mais und jagten Wild.

Cree/Absaroka: ursprünglich aus Saskatchewan und Manitoba, heute immer noch einer der Hauptstämme in Kanada: Sie lebten in Wigwams und ernährten sich von Karibu- und Elchfleisch.

Hopi: leben auch heute noch in Arizona und New Mexico, wo sie ursprünglich herkommen; sie wohnen in rechteckigen Adobe-Häusern und ernähren sich von Mais und Kürbis.

Lakota-Sioux: heutzutage heimisch im Flachland und der Prärie von Mittelamerika, North und South Dakota; früher lebten sie in Tipis und ernährten sich von Büffelfleisch. Es gibt Unterstämme wie die Dakota und Oglala-Sioux.

Mohawk: ursprünglich aus dem Gebiet, welches jetzt der US-Bundesstaat New York ist; sie lebten in rechteckigen Holzhäusern, bauten Mais, Bohnen und Kürbisse an und jagten Wild.

Navajo: Zur Zeit leben sie auf einem Gebiet von 16 Millionen Morgen, hauptsächlich in Arizona; ihre Häuser, genannt Hogans, sind aus Holz und Erde gebaut; sie halten große Schafherden.

Nez Percé: aus Idaho, Oregon und Washington; sie lebten in Tipis, und ihre Hauptnahrungsquelle war das Großwild.

Ojibwa: Viele von ihnen leben weiterhin in Kanada – Quebec, Ontario –, einige leben heute auch in North Dakota, USA. Ihre Wohnungen waren kuppelförmige Hütten aus Baumrinde, Stroh oder Fellen, und sie ernährten sich von Wild, Fisch und Wildreis.

Pueblo: Die meisten von ihnen leben am Rio Grande in New Mexico; sie wohnen heute noch in rechteckigen Adobe-Häusern, die manchmal übereinander gebaut sind. Sie sind immer seßhaft gewesen und ernähren sich von Mais, wilden Pflanzen und Wild.

Seneca: ein Unterstamm der Irokesen; ähnlich wie die Mohawk leben sie auch im US-Bundesstaat New York.

Ute: Volksstamm aus dem westlichen Colorado, dem östlichen Utah und dem nördlichen New Mexico; sie lebten in Tipis und jagten Großwild.

Zuni: ein Volksstamm der Pueblo-Indianer aus Arizona; sie leben in Adobe-Häusern und bauen Mais, Bohnen und Kürbisse an.

ANHANG

SCHAMANISCHE SEMINARE UND WORKSHOPS

Der Human Circle of Life mit Wa-Na-Nee-Che hat sich zum Ziel gesetzt, Wissen und Weisheit der Ältesten zu erhalten und zu schützen. Diese Einrichtung will jeden Menschen dabei unterstützen, zurück zu einer natürlichen Lebensweise zu finden und die Verbindung zu Mutter Erde und dem Großen Geist, der in allem Leben ist, aufzunehmen. Wa-Na-Nee-Che leitet regelmäßig Workshops, Schwitzhütten, Zeremonien, Einzelsitzungen und Heilungen in den USA und Großbritannien. Nähere Einzelheiten bitte von folgenden Anschriften anfordern:

In den USA: HCOL, 700 Iola, Aurora, Denver, Colorado 80010. Tel. 303 363 0885

In Großbritannien: Sally Buffalo, 14a West Street, Bognor Regis, West Sussex PO21 1UF. Tel. 01243 584966

Pathways Workshops: geleitet von Nick Wood, 28 Cowl Street, Evesham WR11 4PL. Tel. 01386 49680

Ho Kolah, Grant Downs alias Sky Horse: *Workshops und Lehren, Kultur- und Lehrveranstaltungen.* Unit 4, Hebble End Works, Hebden Bridge, West Yorks HX7 6HJ. Tel. 01422 843 378 (Workshop), 01422 240 800 (privat).

Medicine Lodge und Spiritual Quest: Einzelheiten anfordern bei Eliana und Dominic Harvey: Middle Piccadilly, Holwell, Sherborne, Dorset DT9 5LW, England. Tel. 01963 23468

MEDIZINWERKZEUGE UND KUNSTHANDWERK

The Human Circle of Life – Spirit of the Thunderbird: siehe obige Adresse. *Heilige Kräuter, Tabak für Zeremonien und indianische Kunstgegenstände. Die außergewöhnlichen Gürtelschnallen, die auf den Karten abgebildet sind, werden von Ashera hergestellt und verkauft. Ähnliche Muster können auf Anfrage bestellt werden.*

Sioux Trading Post: 913 Mt. Rushmore Rd., Rapid City, South Dakota 57701, USA. Tel. 605 348 4822

Tandy: 701 Western Hampden Ave., Cinderella City, Englewood, Denver, Colorado 80154, USA. Tel. 605 348 4822

Ho Kolah, Grant Downs alias Sky Horse: siehe obige Adresse. *Indianisches Kunsthandwerk und Gemälde von Rebecca Patterson.* Tel. 01706 814193

The Trading Post: North American Indian Arts/Crafts Centre, 40 Middle Yard, Camden Lock, London NW1 8AF. Tel. 0171 284 2089

GAIA: Versand für Naturreligion, Schamanismus und Spirituelle Ökologie, Katalog anfordern, Tel. & Fax 036743/30083

PRANA-KATALOG: Verlag Hermann Bauer, Tel. 0761/7082-111, Fax 0761/701811

Medicine Lodge: Für Information über Kräuter bitte frankierten Rückumschlag an Dominic Harvey, obige Adresse.

WEITERFÜHRENDE LITERATUR

Medicine Eagle, Brooke: *Der Gesang der Büffelkuhfrau.* Ost West, 1996

Mails, Thomas E.: *Ich singe mein Lied für Donner, Wind und Wolken. Das Leben von Fools Crow.* Fischer, 1996

Matthews, John: *The Celtic Shaman.* Shaftsbury, Dorset/Rockport. Element Books, 1991

Meadows, Kenneth: *The Medicine Way.* Shaftsbury, Dorset/Rockport. Element Books, 1990

Millmann, Dan: *Der Pfad des friedvollen Kriegers.* 6. Aufl. Ansata, 1992

Neihardt, John G.: *Schwarzer Hirsch – Ich rufe mein Volk.* 11. Auflage, Lamuv, 1995

Ross, Dr. A.C. (Ehanamani): *Mitakuye Oyasin* (»We are all related«). Denver, Bear Press

Sams, Jamie: *Earth Medicine.* San Francisco. Harper Collins, 1994

Storm, Hyemeyohsts: *Sieben Pfeile.* Indianerroman. Wilhelm, 1990

Wa-Na-Nee-Che und Freke, Timothy: *Principles of Native American Spirituality.* London und San Francisco. Harper Collins, 1996.

ZEITSCHRIFTEN

Shaman's Drum. PO Box 430, Willets, Ca 95490, USA.

Sacred Hoop. Pathways, 28 Cowl Street, Evesham, Worcester WR11 4PL, UK.

DANKSAGUNG

Wir sind für die Unterstützung aller Indianer, deren wunderschönes zeremonielles Kunsthandwerk diese Seiten schmücken, sehr dankbar. Wir bedanken uns bei Alex White Eagle, Paul Two Feathers, Dom Eagle Heart.

Mitakuye Oyasin – ein Gruß an alle, die mit uns verbunden sind. Ho!

Kontaktadresse für Seminare in Deutschland

Claussen-Organisation
TAL-HAUS/Rütte
D-79682 Todtmoos-Rütte

Tel. 0 76 74 / 86 62
Fax 0 76 74 / 12 74

Eddison Sadd möchte sich für die ihnen zur Verfügung gestellten indianischen Kunstgegenstände, die auf den Karten abgebildet sind, bei folgenden Mitarbeitern bedanken:

Traumfänger der Spinnenkarte: Kathy Bluehorse, Sicangu (Rosebud) Lakota. 208 S. Hyland #1 Ames, Iowa 50014. Tel. (515) 292 1907

Biber-Gebetsstock, hergestellt von Red Stag, Taos Pueblo; Büffelkieferknochen, Fächer aus Federn und Rabenkopfstab von Little Flower, Apache; Kolibri-Schild von Shona Bear, Cree: Leihgabe von Scott von The Trading Post (siehe o.a. Anschrift).

Schädel des Bärs und Kuguar-Schild gemalt von Rebecca Patterson; Kojote- und Wolf-Schild, Libellen-Schild, Pferde-Trommel und Brustgehänge auf der Luchs-Karte hergestellt und als Leihgabe bereitgestellt von Sky Horse (siehe o.a. Anschrift).

Navajo-Spindel auf der Großmutterkarte Weberin von Bill Gaylor, 65 Aylward Gardens, Chesham, Bucks HP5 2QZ. Tel. 01494 772217.

Bildnachweise

Bruce Coleman Ltd. 29; Jen & Des Bartlett 23; Erwin & Peggy Bauer 19,27,59; Bob & Clara Calhoun 63, 110; John Cancalosi 67; Robert P. Carr 17; MPL Fogden 35; Jeff Foott Productions 13, 25, 45, 51, 57; Johnny Johnson 15; Steven C. Kaufman 53; Stephen Kraseman 31, 37, 39, 55; C. C. Lockwood 109; Hans Reinhard 65; John Shaw 41, 61; Jeff Simon 47; Kim Taylor 21; Uwe Watz 49; Public Archives of Canada C-92418 85; Denver Public Library, Western History Department 89; Mary Evans Picture Library 91, 93; L. A. Huffman 72; Stephen Marwood 68, 108, 122; James Mooney 95; Peter Newark's Western Americana 79, 83, 87, 97; Pitt Rivers Museum, University of Oxford 81, 99, 101; Alan Rue Jr. 33; Smithsonian Institute 43, 103, 105; Gosta Tysk, FLPA 74.